U0567677

权威·前沿·原创

皮书系列为

"十二五""十三五""十四五"时期国家重点出版物出版专项规划项目

BLUE BOOK

智 库 成 果 出 版 与 传 播 平 台

湖南蓝皮书

BLUE BOOK OF HUNAN

2024 年
湖南社会发展报告

REPORT ON SOCIAL DEVELOPMENT OF HUNAN (2024)

县域基本公共服务评价

湖 南 省 社 会 科 学 院
（湖南省人民政府发展研究中心）

钟 君　侯喜保　陈　军　周永根　等／著

社会科学文献出版社
SOCIAL SCIENCES ACADEMIC PRESS（CHINA）

图书在版编目（CIP）数据

2024 年湖南社会发展报告：县域基本公共服务评价 /
钟君等著 . --北京：社会科学文献出版社，2024.12.
（湖南蓝皮书）. --ISBN 978-7-5228-4641-5

Ⅰ. D676.4

中国国家版本馆 CIP 数据核字第 2024AZ3731 号

湖南蓝皮书

2024 年湖南社会发展报告
——县域基本公共服务评价

著　　者／钟　君　侯喜保　陈　军　周永根 等

出 版 人／冀祥德
责任编辑／陈晴钰
责任印制／王京美

出　　版／社会科学文献出版社·皮书分社（010）59367127
　　　　　地址：北京市北三环中路甲 29 号院华龙大厦　邮编：100029
　　　　　网址：www.ssap.com.cn
发　　行／社会科学文献出版社（010）59367028
印　　装／天津千鹤文化传播有限公司

规　　格／开本：787mm×1092mm　1/16
　　　　　印 张：17.25　字 数：225 千字
版　　次／2024 年 12 月第 1 版　2024 年 12 月第 1 次印刷
书　　号／ISBN 978-7-5228-4641-5
定　　价／158.00 元

读者服务电话：4008918866

《2024年湖南社会发展报告》

撰稿人　钟　君　侯喜保　陈　军　周永根　刘艳文
　　　　陈　律　马　骏　姚选民　李海兵　印道胜
　　　　周　恒　罗红艳

主要作者简介

钟　君　湖南省社会科学院（湖南省人民政府发展研究中心）党组书记、院长（主任），十三届省政协常委，研究员、博士生导师，文化名家暨"四个一批"人才，享受国务院政府特殊津贴专家。2016年5月，作为科学社会主义研究的专家代表，参加习近平总书记主持召开的哲学社会科学工作座谈会并发言。曾担任中国社会科学院办公厅副主任、中国社会科学杂志社副总编辑、中国历史研究院副院长，永州市委常委、宣传部部长，曾挂职担任内蒙古自治区党委宣传部副部长。主要研究领域为马克思主义大众化、中国特色社会主义、社会主义意识形态理论等，代表作《马克思靠谱》《治大国若烹小鲜：引领新时代的36个妙喻》《共铸中华民族现代文明》《实事求是思想发展史论纲》《公共服务蓝皮书》《社会之霾——当代中国社会风险的逻辑与现实》《融变鼎新：文化和科技融合的理论透视》等，在《马克思主义研究》《求是》《人民日报》《光明日报》等报刊发表论文近百篇，多次获省部级优秀科研成果奖励。参与编写《习近平新时代中国特色社会主义思想学习纲要》、中组部干部学习教材等权威理论读物，先后担任《思想耀江山》《思想的旅程》《当马克思遇见孔夫子》等电视理论节目主讲嘉宾。

侯喜保　湖南省社会科学院（湖南省人民政府发展研究中心）党组成员、副院长（副主任），研究员。历任岳阳市委政研室副主任、市政府研究室副主任、市委政研室主任，湖南省委政研室机关党委专职副书记、党群处处长、宁夏党建研究会专职秘书长（副厅级，挂职），岳阳市第七届市委委员，湖南省第十一次党代会代表。主要研究方向为宏观政策、区域发展、产业经济，先后主持"建设世界级产业集群""促进市场主体高质量发展"" '发挥一带一部'区位优势 落实'三高四新'战略""把长沙打造成全球研发中心城市""推动湖南在中部地区崛起中奋勇争先"等重大课题研究，多篇文稿在《求是》《人民日报》《光明日报》《中国党政干部论坛》《红旗文稿》《中国组织人事报》《新湘评论》《湖南日报》等央省级刊物发表。

陈　军　湖南省社会科学院（湖南省人民政府发展研究中心）秘书长，管理科学与工程博士，副研究员。曾先后担任湖南省社会科学院办公室主任、人事处处长、外事办主任、后勤与财务处处长、机关党委专职副书记。2010~2014年在湖南省湘西土家族苗族自治州吉首市挂职市委常委、副市长。出版合著多部，在各类报刊发表论文多篇，多篇智库报告获省委、省政府领导批示，参与课题研究多项。

周永根　湖南省社会科学院（湖南省人民政府发展研究中心）社会学与法学研究所研究员，管理学博士，兼任中南大学公共管理学院硕士研究生导师、湖南省社会学会理事及其社区治理与社会工作专业委员会常务委员。主要研究领域为城市管理、社区治理、应急管理等。主持国家社科基金项目2项、省社科基金项目8项，参与国家、省级项目50余项；出版专著5部；编制国家、行业、地方标准4项；发表学术论文80余篇，其中被CSSCI/CSCD国内数据库收录20余篇。

摘　要

　　本书依据课题组构建的基本公共服务评价指标体系，通过 5640 份调查问卷，对湖南省 122 个县（市、区）的基本公共服务进行了全面而深入的评价与研究，发布了 2024 年湖南省县域基本公共服务满意度评价情况。

　　本书主要采用基于 GDP 对基本公共服务满意度杠杆指数、基本公共服务要素发展指数等评价工具，对湖南省县域 2024 年的基本公共服务满意度进行了详细评价。根据网络问卷调查数据，本书对幼有所育、学有所教、劳有所得、病有所医、老有所养、住有所居、弱有所扶、文体服务、公共安全以及市政管理 10 项基本公共服务要素进行了满意度单项分析。同时，课题组对基本公共服务总体满意度以及幼有所育、学有所教、劳有所得、病有所医、老有所养、住有所居、弱有所扶、文体服务、公共安全、市政管理 10 项单项满意度名列前茅的优秀县（市、区）开展专项调查并撰写调查报告，总结其取得的成效、主要做法及经验启示。调研发现，2024 年，湖南省县域基本公共服务的总体满意度处于中等偏上水平，因此湖南省县域基本公共服务水平仍有待提升。新时代，要完善湖南省县域基本公共服务制度体系必须增强其均衡性和可及性，加强其普惠性、基础性、兜底性民生建设，坚持经济发展与民生改善相统一，完善公共服务监管机制、提升公共服务质量。

关键词： 公共服务　基本公共服务满意度　湖南县域

Abstract

This report, by using the evaluation index system of basic public services and analyzing the results of 5640 online questionnaires, comprehensively and thoroughly evaluates and studies the basic public services in Hunan 122 counties (cities, districts), and results of satisfactoriness of these counties in 2024 from different aspects.

A series of indices is applied to further study the degree of public satisfaction with basic public services of Hunan's counties in 2024, including the index of GDP leveraging public satisfactoriness index for basic public services and the development index of public satisfactoriness index for basic public services elements. The monomial evaluation on the satisfactoriness index for ten basic public service elements is also concerned, including Childcare, Basic Education, Employment, Medical Services, Elderly Care, Housing Guarantee, Social Assistance, Culture and Sports Services, public Security and Municipal Services, according to the online survey results. In addition, the research group carries out special investigation and makes analysis reports in-depth on the overall satisfactoriness index for basic public services and the top counties with excellent performance in Childcare, Basic Education, Employment, Medical Services, Elderly Care, Housing Guarantee, Social Assistance, Culture and Sports Services, public security and Municipal Services, which are selected and recommended by their practices, experiences and achievements. Although the report shows that the overall satisfactoriness index for basic public

services of Hunan Province is above average in 2024, Hunan counties'
basic public services level still need to be improved. In the new era, the
report proposes prospect and suggestion as follows: governments at all levels
must strengthen balance and accessibility, improve fundamental construction
of people's livelihood, adhere to unify economic development and
promoting people's well-being, and ensure the quality of public services in
order to enhance basic public services institutional system and supervision
mechanism.

Keywords: Public Services; Public Satisfactoriness Index for Basic
Public Services; Hunan

目 录 ↗

I 总报告

II 县（市、区）评价报告

Ⅲ　单项评价报告

Ⅳ　典型经验

CONTENTS ⟨⟩

I General Report

II County (City, District) Evaluation Report

Ⅲ　The Evaluation Report by Topic

Ⅳ　Typical Experience

总 报 告

B.1

2024年湖南县域基本公共服务满意度
总体评估与发展报告

钟君　侯喜保　周永根　印道胜　陈军*

摘　要： 本报告以基本公共服务评价指标体系为依据，通过5640份调查问卷，从幼有所育、学有所教、劳有所得、病有所医、老有所养、住有所居、弱有所扶、文体服务、公共安全、市政管理10个方面，对湖南省122个县（市、区）的基本公共服务满意度情况进行全面评价和深入研究。并依据GDP对基本公共服务满意度杠杆指数、县（市、区）基本公共服务总体满意度杠杆指数等进行分类研究。2024年，湖南省县域基本公共服务10大要素总体满意度得分为68.99分，表明湖南省县域基本公共服务的总体满意度处于中等偏上水平，湖南省县域基本公共服务仍有较大提升空间。为此，本报告从基本公共服务制度体系的均衡性、可及性、普惠性、基础

---

  * 钟君为课题组组长，侯喜保为课题组副组长；陈军负责框架设计与编辑；周永根负责第一、二、三部分执笔；印道胜负责第四部分执笔。

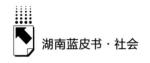
性、兜底性、协调性、监管机制等方面提出了政策建议。

关键词: 湖南省 县域基本公共服务 满意度

公共服务是现代政府职能体系中的重要组成部分。它不仅是政府履行职责的重要体现，也是实现社会公平、维护社会稳定、推动经济发展的关键手段。公共服务在实现社会公平、维护社会稳定、推动经济发展、提高生活质量和调节收入分配方面具有重要意义，是实现社会和谐、经济繁荣和人民幸福的重要保障。党的二十大报告提出"增进民生福祉，提高人民生活品质，着力解决好人民群众急难愁盼问题，健全基本公共服务体系，提高公共服务水平，增强均衡性和可及性"。党的二十届二中全会提出"要着力加强保障和改善民生各项工作，落实落细就业优先政策，保障好困难群众的基本生活，扎牢社会保障网，补齐医疗卫生特别是城乡基层医疗卫生公共服务的短板，完善生育支持政策体系"。党的二十届三中全会进一步强调"必须坚持尽力而为、量力而行，完善基本公共服务制度体系，加强普惠性、基础性、兜底性民生建设，解决好人民最关心最直接最现实的利益问题，不断满足人民对美好生活的向往"。可见，党中央高度重视公共服务的发展和政策完善，着力完善公共服务体系，提升公共服务水平和能力，增强人民的获得感、幸福感和安全感。

湖南省高度重视公共服务的发展，并在多个领域取得了显著成效。《湖南省"十四五"公共服务规划》明确提出要提升公共服务水平，推动公共服务均等化和高质量发展。湖南省在促进就业、社会保障、基础教育、医疗卫生等方面取得了突出成就，逐步建成惠及全民的公共服务体系，加速实现公共服务均等化。特别是近年来，湖南省在公共文化服务方面也取得了显著进展。通过实施"公共文化服务建设三年行动"和"公共文化服务体系高质量发展五年行动计划"，不断提升公共文化服务的内容和质量，满足人民群众的精神文化需要。总体而言，湖南省公共服务领域的发展为提升人民生活质量、促进社会和谐与经济发展提供了坚实保障。

2023年7月，国家发展和改革委员会等10部门联合印发《国家基本公共服务标准（2023年版）》。2023年12月，湖南省发展改革委等10部门联合印发《湖南省基本公共服务标准（2023年版）》（以下简称《标准》），《标准》严格按照国家关于基本公共服务标准要求，坚持尽力而为、量力而行，与国家标准相对应，分为幼有所育、学有所教、劳有所得、病有所医、老有所养、住有所居、弱有所扶、优军服务保障、文体服务保障9个方面。明确了现阶段政府兜底保障的基本公共服务范围与标准，为全省各级政府履职尽责和人民群众享有相应权利提供了依据。

县域是国家治理的基本单元，提升县域基本公共服务能力和水平，对提升县域治理现代化水平、促进城乡融合发展意义重大。为了评价各县域在基本公共服务领域的表现、识别服务供给的强项与弱项、评价湖南省县域实施《标准》的效果、为政策制定者提供数据支持和改进建议、推动各县域在基本公共服务领域持续改进与创新、满足人民群众日益增长的美好生活需要，湖南省社会科学院（湖南省人民政府发展研究中心）"湖南县域基本公共服务评价"课题组，2024年初开始对122个县（市、区）①的基本公共服务满意度开展调查，加强县域基本公共服务深度研究。

为确保调研的精准度与实效性，课题组对基本公共服务评价指标

---

① 根据《湖南概况–行政区划》，截至2022年12月31日，全省辖67个县（其中7个自治县）、19个县级市、36个市辖区，共122个县级行政区划。资料来源于湖南省人民政府网，https://www.hunan.gov.cn/hnszf/jxxx/hngk/xzqh/hngkwdt.html，最后检索日期：2024年9月3日。

体系及问卷内容进行了精心设计。根据《标准》中的基本公共服务标准体系，课题组构建了2024年湖南省县域基本公共服务满意度评价指标体系，分为幼有所育、学有所教、劳有所得、病有所医、老有所养、住有所居、弱有所扶、文体服务、公共安全、市政管理10个方面。考虑到优军服务保障群体的特殊性以及数据的不易获得性，故没有设置优军服务保障这一指标。鉴于当前广大群众普遍关心关注公共安全和市政管理问题，故指标体系中增加了这两项指标。通过专业网络调查公司的调研平台，利用其强大的网络覆盖能力，对122个县（市、区）开展了大规模的网络问卷调查，本次网络调查共发放并回收了有效问卷5460份。调查中，为了确保调查结果的稳定性和可靠性，以及识别中可能存在的偏差或错误，课题组对部分县（市、区）进行了回测，即重新收集部分样本数据，对之前的调查方案、过程、结果进行检验和评估，回测结果显示问卷质量良好。

围绕122个县（市、区）的基本公共服务满意度，课题组对湖南省县域的幼有所育、学有所教、劳有所得、病有所医、老有所养、住有所居、弱有所扶、文体服务、公共安全、市政管理10个方面以及基本公共服务总体满意度进行了分类分析，并且使用"GDP对基本公共服务满意度杠杆指数"评价工具对调查结果进行深入分析。课题组依据122个县（市、区）的基本公共服务总体满意度及其GDP对基本公共服务满意度杠杆指数分值将县（市、区）分为5个等级，即排名靠前（第1~20位）、排名相对靠前（第21~50位）、排名居中（第51~70位）、排名相对靠后（第71~100位）、排名靠后（第101~122位）。

一 评价指标体系构建

2024年湖南省县域基本公共服务满意度评价指标体系力求遵循科学性、系统性、可操作性和动态性原则，确保评价过程的合理性和结果的准确性,旨在全面衡量县域内公共服务的质量和居民的满意度。

指标体系主要依据《标准》编制,分为一级指标、二级指标和三级指标,形成了一个层次分明、覆盖面广的评价框架。一级指标涵盖了幼有所育、学有所教、劳有所得、病有所医、老有所养、住有所居、弱有所扶、文体服务、公共安全和市政管理 10 大领域,全面反映了公共服务的各个方面;二级指标进一步细化了评价的具体内容,如优孕优生服务、教育资源分配、就业服务等,确保了评价的深入性和针对性;三级指标通过问卷调查的形式,收集居民对各项服务的直接反馈和满意度评价,为评价提供了第一手的数据支持(见表 1)。

表 1　2024 年湖南省县域基本公共服务满意度评价指标体系

一级指标	二级指标	三级指标(问卷中问题设置)	权重
幼有所育	优孕优生服务	您认为您所在县(市、区)政府为孕产妇开展优孕优生服务(包括免费孕前优生健康检查、孕产妇健康检查指导、生育保险、基本避孕服务等)方面做得如何	10.50
	儿童健康服务	您对本县(市、区)提供的儿童疫苗接种服务、儿童免费体检服务等儿童健康管理服务是否满意	9.00
	儿童关爱服务	您觉得本县(市、区)对特殊儿童、困境儿童、农村留守儿童的关爱程度如何	9.00
	托育收费	您本人或认识的人认为本县(市、区)托育机构收费情况怎么样	11.50
	托育放心度	您本人或认识的人觉得送幼儿去托育机构放心吗	10.00
	总体满意度	请您对本县(市、区)"幼有所育"整体状况(优生优育、托育质量、儿童保障水平)进行整体评价	50.00

续表

一级指标	二级指标	三级指标(问卷中问题设置)	权重
学有所教	教育收费	您对当地政府为义务教育阶段学生提供免除学杂费、免费提供教科书服务以及为经济困难学生提供补助等是否满意	11.50
	教育资源分配	您本人或认识的人的孩子上幼儿园/小学/初中是否遇到择校等教育资源分配不公平的情况	14.00
	教育减负	您认为本县(市、区)中小学校减轻学生作业负担和开展课后服务的效果如何	10.50
	校园安全	您对所在地学校校园安全情况(包括人身安全、食品安全、校舍安全、心理健康安全等)满意吗	14.00
	总体满意度	请您对本县(市、区)基础教育情况(含师资水平、教学条件、教育质量等)进行整体评价	50.00
劳有所得	就业服务	您本人或认识的人在找工作的过程中,有没有享受过当地政府提供的就业服务(包括政府就业信息发布、技能培训、人才市场等)	13.50
	创业扶持	您本人或认识的人在创业过程中,有没有享受过政府的创新创业扶持政策	9.50
	劳动纠纷处理	您本人或认识的人出现了劳动纠纷,当地政府处理的情况如何	13.00
	工伤失业保险服务	您本人或认识的人对当地政府为居民提供的工伤失业保险服务是否满意	14.00
	总体满意度	请您对本县(市、区)就业创业服务情况进行整体评价	50.00
病有所医	家庭医生	您本人或认识的人对家庭医生服务是否满意(包括咨询服务、诊疗服务、保健服务等)	8.00
	医疗收费	您去本地公立医院看病,是否感觉有不必要的检查和费用发生	11.00
	医疗便利程度	您去离家最近的公立医院(包括社区医疗卫生中心)的便利程度如何	6.00
	医疗保险服务	您对您本人或家人的基本医疗保险缴费情况(比例、金额等)是否满意	12.00
	医疗保险报销	您对您本人或家人的基本医疗保险报销情况(比例、范围、方便程度等)是否满意	13.00
	总体满意度	请您对本县(市、区)的医疗卫生情况进行整体评价	50.00

续表

一级指标	二级指标	三级指标(问卷中问题设置)	权重
老有所养	养老金	您对本人或家人的养老金情况(缴纳比例和金额、发放金额和及时性等)的满意程度如何	19.50
	养老服务	您周边的养老服务机构(如养老院、老年人食堂、老年人日间照护中心等)能否满足您或家人的日常需求	16.50
	养老保障预期	您对本人或家人未来的养老保障预期	14.00
	总体满意度	请您对本县(市、区)提供的养老保障服务进行整体评价	50.00
住有所居	公租房政策	您是否了解本地的公共住房政策(如经济适用房、公租房、棚户区改造等)	26.00
	公租房申请	有一个收入非常困难的家庭需要申请公租房,您认为这个家庭办成这件事情的难易程度如何	24.00
	总体满意度	请您对本县(市、区)的住房保障服务进行整体评价	50.00
弱有所扶	保障公平性	您认为本县(市、区)对最低生活保障对象的认定是否公平	17.00
	弱势群体救助	您认为本县(市、区)的弱势群体(如残疾人、低收入人群、孤寡老人)是否得到有效救助	12.00
	受灾群体救助	您认为本县(市、区)突发受灾遇困人群(如火灾、交通事故、家庭成员突发重大疾病等)是否得到有效救助	10.50
	无障碍环境建设	您对本县(市、区)的残疾人和老年人无障碍环境建设(如盲道、无障碍设施等)的满意程度如何	10.50
	总体满意度	请您对本县(市、区)的社会救助服务进行整体评价	50.00
文体服务	体育设施便利度	您前往公共健身设施或体育场所(如公园、篮球场等体育设施)的便利程度如何	13.00
	文化设施便利度	您前往公共文化设施或场所(如图书馆、电影院等)的便利程度如何	11.00
	体育设施满足度	您周边的公共健身设施或体育场所是否能满足您或家人的日常需求	14.00

续表

一级指标	二级指标	三级指标(问卷中问题设置)	权重
文体服务	文化设施满足度	您周边的公共文化设施或文化场所(图书馆、电影院)是否能满足您或家人的日常需求	12.00
	总体满意度	请您对本县(市、区)的公共文化体育服务进行整体评价	50.00
公共安全	食品安全	您如何评价本县(市、区)的食品安全问题	11.50
	信息安全	您或您认识的人是否遇到过个人隐私信息泄露的情况	9.50
	反诈宣传效果	本县(市、区)的政府是否有过防止电信诈骗的宣传或警示	10.00
	应急演练	本县(市、区)的政府是否有过应对灾害(地震、水灾、火灾)的宣传或演练	8.00
	政府社会矛盾调解	您对本县(市、区)的政府调解社会矛盾纠纷工作(如邻里纠纷、信访工作等)是否满意	11.00
	总体满意度	请您对本县(市、区)的公共安全情况进行整体评价	50.00
市政管理	水电气基础设施	本县(市、区)的水电气基础设施是否能满足居民日常生活需求	13.50
	环境卫生服务	您对本县(市、区)的环境卫生是否满意	11.50
	公共服务信息化	您认为本县(市、区)通过手机办理公共服务(生活缴费、信息查询、证照办理等)的便利程度如何	8.50
		您使用手机办理公共服务时遇到困难,能否得到工作人员的及时帮助	8.00
	交通拥堵程度	您白天外出时,通常情况下感觉路上拥堵吗	8.50
	总体满意度	请您对本县(市、区)的市政管理服务进行整体评价	50.00

二 评价结果

(一)2024年湖南省县域基本公共服务调查问卷样本数量及分布

2024 年湖南省县域基本公共服务调查共发放并回收有效问卷

5640份。课题组根据各个县（市、区）"七普"常住人口规模确定合适的调查问卷数量，样本量分配大致是：人口30万以下40份，30万~50万50份，50万~100万60份，100万及以上70份（见表2）。调查过程中，我们采用了分层随机抽样的方法，收集到各个县（市、区）不同年龄、不同职业背景的居民对公共服务的看法和评价，确保样本的多样性和代表性。

总体而言，本次调查的样本数量和分布设计充分考虑了湖南省各地区的人口结构和地域特点，力求使调查结果具有较高的信度和效度。通过对这些数据的深入分析，力图能够为湖南省县域基本公共服务的改善提供有力的数据支持和政策建议。

表2 2024年湖南省县域基本公共服务调查问卷样本数量及分布

单位：人，份

市/州	县(市、区)	人口	样本量	市/州	县(市、区)	人口	样本量
湖南省	全省	66444864	5640	株洲市	茶陵县	491849	40
长沙市	全市	10047914	570		炎陵县	160274	40
	芙蓉区	642010	60		醴陵市	885987	60
	天心区	836157	60	湘潭市	全市	2726181	240
	岳麓区	1526641	70		雨湖区	616130	50
	开福区	820790	60		岳塘区	483762	50
	雨花区	1264895	70		湘潭县	792829	50
	望城区	890214	60		湘乡市	730103	50
	长沙县	1374491	70		韶山市	103357	40
	浏阳市	1429384	60	衡阳市	全市	6645243	560
	宁乡市	1263332	60		珠晖区	337337	50
株洲市	全市	3902738	420		雁峰区	247791	40
	荷塘区	348894	50		石鼓区	227515	40
	芦淞区	307012	40		蒸湘区	478072	50
	石峰区	339452	50		南岳区	70370	40
	天元区	478309	50		衡阳县	888433	50
	渌口区	260534	40		衡南县	796327	50
	攸县	630427	50		衡山县	335704	40

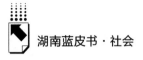

续表

市/州	县(市、区)	人口	样本量	市/州	县(市、区)	人口	样本量
衡阳市	衡东县	565423	40	常德市	石门县	559457	40
	祁东县	766920	50		津市市	212739	40
	耒阳市	1140675	60	张家界市	全市	1517027	170
	常宁市	790676	50		永定区	517595	50
邵阳市	全市	6563520	550		武陵源区	60857	40
	双清区	317283	40		慈利县	562493	40
	大祥区	362289	50		桑植县	376082	40
	北塔区	122658	40	益阳市	全市	3851564	270
	新邵县	612943	40		资阳区	356405	40
	邵阳县	752125	50		赫山区	889068	60
	隆回县	1009778	50		南 县	572367	40
	洞口县	675495	50		桃江县	685596	50
	绥宁县	290664	40		安化县	780969	40
	新宁县	513777	40		沅江市	567159	40
	城步县	227911	40	娄底市	全市	3826996	240
	武冈市	640181	50		娄星区	752530	60
	邵东市	1038416	60		双峰县	685917	40
岳阳市	全市	5051922	420		新化县	1196538	50
	岳阳楼区	980401	60		冷水江市	329912	40
	云溪区	153657	40		涟源市	862099	50
	君山区	201634	40	郴州市	全市	4667134	470
	岳阳县	561888	50		北湖区	568778	50
	华容县	553800	40		苏仙区	435836	50
	湘阴县	583984	50		桂阳县	709372	50
	平江县	951112	60		宜章县	567970	40
	汨罗市	632246	40		永兴县	538532	40
	临湘市	433200	40		嘉禾县	343169	40
常德市	全市	5279102	420		临武县	322987	40
	武陵区	730970	60		汝城县	344617	40
	鼎城区	738085	50		桂东县	160956	40
	安乡县	427412	40		安仁县	351927	40
	汉寿县	706249	50		资兴市	322990	40
	澧 县	721927	50	永州市	全市	5289824	480
	临澧县	373043	40		零陵区	563556	50
	桃源县	809220	50		冷水滩区	583136	50

市/州	县（市、区）	人口	样本量	市/州	县（市、区）	人口	样本量
永州市	祁阳市	832813	50	怀化市	麻阳县	313305	40
	东安县	490385	40		新晃县	220775	40
	双牌县	157140	40		芷江县	307661	40
	道县	621275	40		靖州县	233638	40
	江永县	235699	40		通道县	201047	40
	宁远县	684121	50		洪江市	398710	40
	蓝山县	329909	40	湘西自治州	全州	2488105	330
	新田县	343595	40		吉首市	408812	50
	江华县	448195	40		泸溪县	240937	40
怀化市	全市	4587594	500		凤凰县	351619	40
	鹤城区	712584	60		花垣县	249238	40
	中方县	233378	40		保靖县	238792	40
	沅陵县	510054	40		古丈县	108798	40
	辰溪县	407578	40		永顺县	413470	40
	溆浦县	757797	40		龙山县	476439	40
	会同县	291067	40				

（二）2024年122个县（市、区）基本公共服务满意度情况

在对5640份问卷统计分析①的基础上，课题组计算出2024年122个县（市、区）基本公共服务满意度得分（见表3）。按照县（市、区）基本公共服务满意度得分进行分类，2024年，县域基本

---

① 2024年县域基本公共服务满意度得分计算方法为：主观满意度数据通过问卷调查统计获得。51个三级指标即问卷中51个评估公共服务满意度题目，下设选项，按照从正面态度向负面态度进行排序赋分（问卷中以5分制设置），后统一折合成为百分制，赋予各题权重，最终计算每个县（市、区）满意度分值。由于三级指标选取的是反映二级指标的典型问题，不能完全涵盖一级指标的内容，基于此，课题组对每个一级指标都设置了"总体满意度"选项，并且在计算中将该选项的权重设置为每个一级指标权重的1/2。

表3 2024年122个县（市、区）基本公共服务满意度情况

县(市、区)	分值	县(市、区)	分值	县(市、区)	分值	县(市、区)	分值
芙蓉区	80.59	衡东县	76.56	桃源县	72.46	祁阳市	54.42
天心区	82.18	祁东县	61.13	石门县	66.36	东安县	81.04
岳麓区	80.11	耒阳市	60.74	津市市	66.67	双牌县	69.79
开福区	82.44	常宁市	63.51	永定区	68.90	道县	64.19
雨花区	83.21	双清区	72.71	武陵源区	69.83	江永县	63.64
望城区	78.40	大祥区	69.27	慈利县	68.54	宁远县	60.70
长沙县	77.29	北塔区	69.07	桑植县	61.77	蓝山县	72.83
浏阳市	75.73	新邵县	75.64	资阳区	66.98	新田县	65.38
宁乡市	68.33	邵阳县	73.32	赫山区	63.60	江华县	64.27
荷塘区	67.54	隆回县	69.22	南县	67.45	鹤城区	67.29
芦淞区	81.20	洞口县	66.21	桃江县	69.05	中方县	69.06
石峰区	78.20	绥宁县	67.36	安化县	64.95	沅陵县	60.05
天元区	79.86	新宁县	65.00	沅江市	63.98	辰溪县	64.30
渌口区	65.88	城步县	70.22	娄星区	69.19	溆浦县	66.77
攸县	67.04	武冈市	59.11	双峰县	78.44	会同县	61.25
茶陵县	69.26	邵东市	61.13	新化县	78.38	麻阳县	60.47
炎陵县	68.10	岳阳楼区	67.30	冷水江市	73.88	新晃县	61.54
醴陵市	65.80	云溪区	62.19	涟源市	66.58	芷江县	61.72
雨湖区	84.44	君山区	69.98	北湖区	59.60	靖州县	62.42
岳塘区	82.01	岳阳县	68.02	苏仙区	66.64	通道县	69.48
湘潭县	79.76	华容县	71.46	桂阳县	63.34	洪江市	58.16
湘乡市	84.54	湘阴县	76.26	宜章县	64.69	吉首市	70.23
韶山市	68.79	平江县	66.13	永兴县	67.74	泸溪县	63.28
珠晖区	64.96	汨罗市	59.80	嘉禾县	59.75	凤凰县	59.99
雁峰区	64.83	临湘市	56.00	临武县	64.14	花垣县	65.10
石鼓区	78.18	武陵区	74.26	汝城县	68.44	保靖县	68.43
蒸湘区	81.08	鼎城区	73.86	桂东县	71.13	古丈县	60.09
南岳区	66.36	安乡县	73.78	安仁县	61.41	永顺县	59.69
衡阳县	67.16	汉寿县	78.03	资兴市	62.11	龙山县	58.82
衡南县	70.75	澧县	71.56	零陵区	62.75		
衡山县	67.16	临澧县	68.28	冷水滩区	64.97		

公共服务满意度排名靠前的县（市、区）有湘乡市、雨湖区、雨花区、开福区、天心区、岳塘区、芦淞区、蒸湘区、东安县等；排名相对靠前的县（市、区）有衡东县、湘阴县、浏阳市、新邵县、武陵区、冷水江市、鼎城区、安乡县、邵阳县、蓝山县等；排名居中的县（市、区）有韶山市、慈利县、汝城县、保靖县、宁乡市、临澧县、炎陵县、岳阳县等；排名相对靠后的县（市、区）有苏仙区、涟源市、南岳区、石门县、洞口县、平江县、渌口区、醴陵市等；排名靠后的县（市、区）有桑植县、芷江县、新晃县、安仁县、会同县、祁东县、邵东市、耒阳市、宁远县、麻阳县等。

三　基于评估工具的分析

本研究引入了 GDP 对基本公共服务满意度杠杆指数，以深入探究 GDP 与公共服务满意度之间的内在联系。该指数的主要目的在于评估如何在有限的 GDP 增长下，实现公共服务满意度的最大化，进而提升社会的整体幸福感。通过这一评估，我们旨在超越单一的 GDP 增长导向，推动经济与社会的和谐共进。

具体而言，GDP 对基本公共服务满意度杠杆指数通过以下公式计算得出[①]：

GDP 对基本公共服务满意度杠杆指数＝满意度得分/lnGDP

该指数反映了在一定的 GDP 水平下，县域能够实现的公共服务

---

① 鉴于满意度得分采用的是百分制，而县域 GDP 值的量级通常较大，两者在量纲上存在显著差异。为了平衡这种差异，同时确保模型结果的准确性，课题组采用计量经济学中常见的对数转换方法来处理 GDP 值。这种处理方式有助于缩小数据间的量纲差异，使得模型分析更为合理和有效。

满意程度。较高的杠杆指数值意味着在相同的经济增长背景下，县域能够更有效地利用资源，提供更优质的公共服务，从而实现更高的居民满意度和幸福感。这不仅为政策制定者提供了一个量化工具，以优化资源配置和提升服务效率，也为实现经济与社会的可持续发展提供了重要参考。

按照县（市、区）GDP 对基本公共服务满意度杠杆指数进行分类，2024 年，排名靠前的县（市、区）有桂东县、武陵源区、古丈县、北塔区、城步县、通道县、南岳区、保靖县、双牌县、东安县等；排名相对靠前的县（市、区）有江永县、双峰县、邵阳县、新晃县、双清区、石鼓区、新化县、湘乡市、靖州县、君山区等；排名居中的县（市、区）有雨湖区、湘阴县、天元区、湘潭县、岳塘区、衡山县、永定区、龙山县、安仁县、临武县等；排名相对靠后的县（市、区）有鼎城区、嘉禾县、华容县、桃源县、衡南县、澧县、开福区、安化县、宜章县、道县等；排名靠后的县（市、区）有岳麓区、冷水滩区、云溪区、雨花区、娄星区、祁东县、常宁市、资兴市、桂阳县、武陵区等（见表 4）。

表 4　2024 年 122 个县（市、区）GDP 对基本公共服务满意度杠杆指数

地区	满意度得分	县（市、区）GDP（亿元）	lnGDP	满意度杠杆指数
芙蓉区	80.59	1381.58	7.23	11.15
天心区	82.18	1362.88	7.22	11.39
岳麓区	80.11	1646.05	7.41	10.82
开福区	82.44	1234.08	7.12	11.58
雨花区	83.21	2501.68	7.82	10.63
望城区	78.40	1070.61	6.98	11.24
长沙县	77.29	2129.52	7.66	10.09
浏阳市	75.73	1735.69	7.46	10.15

续表

地区	满意度得分	县(市、区)GDP(亿元)	lnGDP	满意度杠杆指数
宁乡市	68.33	1269.88	7.15	9.56
荷塘区	67.54	285.16	5.65	11.95
芦淞区	81.20	474.87	6.16	13.18
石峰区	78.20	429.21	6.06	12.90
天元区	79.86	568.05	6.34	12.59
渌口区	65.88	182.88	5.21	12.65
攸县	67.04	463.49	6.14	10.92
茶陵县	69.26	270.53	5.60	12.37
炎陵县	68.10	104.00	4.64	14.66
醴陵市	65.80	889.68	6.79	9.69
雨湖区	84.44	800.86	6.69	12.63
岳塘区	82.01	689.21	6.54	12.55
湘潭县	79.76	573.08	6.35	12.56
湘乡市	84.54	564.17	6.34	13.34
韶山市	68.79	114.52	4.74	14.51
珠晖区	64.96	315.87	5.76	11.29
雁峰区	64.83	306.68	5.73	11.32
石鼓区	78.18	319.18	5.77	13.56
蒸湘区	81.08	510.20	6.23	13.01
南岳区	66.36	58.15	4.06	16.33
衡阳县	67.16	426.22	6.05	11.09
衡南县	70.75	425.15	6.05	11.69
衡山县	67.16	212.69	5.36	12.53
衡东县	76.56	349.25	5.86	13.07
祁东县	61.13	355.12	5.87	10.41
耒阳市	60.74	465.51	6.14	9.89
常宁市	63.51	446.84	6.10	10.41
双清区	72.71	212.13	5.36	13.57
大祥区	69.27	232.72	5.45	12.71
北塔区	69.07	63.46	4.15	16.64
新邵县	75.64	194.78	5.27	14.35

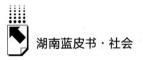

续表

地区	满意度得分	县（市、区）GDP（亿元）	lnGDP	满意度杠杆指数
邵阳县	73.32	214.05	5.37	13.66
隆回县	69.22	286.78	5.66	12.23
洞口县	66.21	223.96	5.41	12.23
绥宁县	67.36	119.15	4.78	14.09
新宁县	65.00	139.83	4.94	13.16
城步县	70.22	68.19	4.22	16.63
武冈市	59.11	213.05	5.36	11.03
邵东市	61.13	763.32	6.64	9.21
岳阳楼区	67.30	1712.95	7.45	9.04
云溪区	62.19	334.25	5.81	10.70
君山区	69.98	192.70	5.26	13.30
岳阳县	68.02	420.19	6.04	11.26
华容县	71.46	439.46	6.09	11.74
湘阴县	76.26	421.78	6.04	12.62
平江县	66.13	412.04	6.02	10.98
汨罗市	59.80	564.47	6.34	9.44
临湘市	56.00	343.94	5.84	9.59
武陵区	74.26	1397.29	7.24	10.25
鼎城区	73.86	513.09	6.24	11.84
安乡县	73.78	269.49	5.60	13.18
汉寿县	78.03	408.31	6.01	12.98
澧县	71.56	475.86	6.17	11.61
临澧县	68.28	250.99	5.53	12.36
桃源县	72.46	481.25	6.18	11.73
石门县	66.36	373.55	5.92	11.20
津市市	66.67	215.86	5.37	12.40
永定区	68.90	249.74	5.52	12.48
武陵源区	69.83	49.79	3.91	17.87
慈利县	68.54	197.39	5.29	12.97
桑植县	61.77	117.02	4.76	12.97
资阳区	66.98	226.26	5.42	12.35
赫山区	63.60	682.12	6.53	9.75
南县	67.45	280.62	5.64	11.97

地区	满意度得分	县（市、区）GDP（亿元）	lnGDP	满意度杠杆指数
桃江县	69.05	321.04	5.77	11.96
安化县	64.95	280.88	5.64	11.52
沅江市	63.98	301.67	5.71	11.21
北湖区	59.60	514.53	6.24	9.55
苏仙区	66.64	423.82	6.05	11.02
桂阳县	63.34	464.89	6.14	10.31
宜章县	64.69	276.29	5.62	11.51
永兴县	67.74	398.13	5.99	11.32
嘉禾县	59.75	156.92	5.06	11.82
临武县	64.14	174.89	5.16	12.42
汝城县	68.44	109.56	4.70	14.57
桂东县	71.13	53.06	3.97	17.91
安仁县	61.41	140.29	4.94	12.42
资兴市	62.11	398.19	5.99	10.37
零陵区	62.75	275.39	5.62	11.17
冷水滩区	64.97	424.92	6.05	10.74
东安县	81.04	233.00	5.45	14.87
双牌县	69.79	93.44	4.54	15.38
道县	64.19	266.17	5.58	11.49
江永县	63.64	99.17	4.60	13.84
宁远县	60.70	261.66	5.57	10.90
蓝山县	72.83	156.65	5.05	14.41
新田县	65.38	98.86	4.59	14.23
江华县	64.27	162.03	5.09	12.63
祁阳市	54.42	424.52	6.05	8.99
鹤城区	67.29	441.07	6.09	11.05
中方县	69.06	136.03	4.91	14.06
沅陵县	60.05	202.49	5.31	11.31
辰溪县	64.30	144.87	4.98	12.92
溆浦县	66.77	221.23	5.40	12.37
会同县	61.25	106.67	4.67	13.12
麻阳县	60.47	116.83	4.76	12.70
新晃县	61.54	92.74	4.53	13.59

续表

地区	满意度得分	县(市、区)GDP(亿元)	lnGDP	满意度杠杆指数
芷江县	61.72	126.09	4.84	12.76
靖州县	62.42	108.72	4.69	13.31
通道县	69.48	68.20	4.22	16.45
洪江市	58.16	183.56	5.21	11.16
娄星区	69.19	727.85	6.59	10.50
双峰县	78.44	296.61	5.69	13.78
新化县	78.38	341.93	5.83	13.43
冷水江市	73.88	267.86	5.59	13.22
涟源市	66.58	356.25	5.88	11.33
吉首市	70.23	224.59	5.41	12.97
泸溪县	63.28	80.86	4.39	14.41
凤凰县	59.99	103.95	4.64	12.92
花垣县	65.10	82.38	4.41	14.76
保靖县	68.43	84.12	4.43	15.44
古丈县	60.09	35.25	3.56	16.87
永顺县	59.69	102.36	4.63	12.90
龙山县	58.82	112.34	4.72	12.46

四 研究结论及政策建议

2024年，湖南省县域基本公共服务十大要素总体满意度得分为68.99分，表明湖南省县域基本公共服务的总体满意度处于中等偏上水平，但仍有提升空间。十大要素满意度最高为弱有所扶（72.23分），最低为劳有所得（64.37分），显示不同服务领域之间的满意度存在一定差异（见图1）。幼有所育、病有所医、弱有所扶、市政管理这四项基本公共服务的平均分均超过71分，显示出居民在这些服务领域的满意度相对较高。特别是幼有所育和病有所医，作为民生基础服务，得到较高评价。学有所教、公共安全这两项基本公共服务的平均分在 68~71 分，属于中等水平。教育服务对于居民来说至关重要，其满意度有待进一步提升。

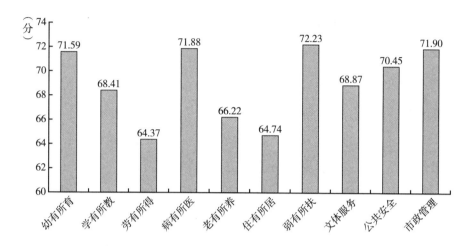

图1 2024年湖南省县域城市十项基本公共服务满意度情况

党的二十大报告中，明确强调了"健全基本公共服务体系，提高公共服务水平，增强均衡性和可及性"，这一要求体现了党在新时代对公共服务工作的高度重视，并将其作为推进共同富裕的重要着力点。党的二十届三中全会更是提出"在发展中保障和改善民生是中国式现代化的重大任务"。习近平总书记指出，"让人民过上好日子，是我们一切工作的出发点和落脚点"。[①] 人民对更好教育、更稳定工作、更满意收入、更可靠社会保障、更高水平医疗卫生服务、更舒适居住条件、更优美环境等的向往，就是我们的奋斗目标。完善基本公共服务是一个系统工程，需要政府、社会和个人共同努力，通过政策调整、资源优化配置和公众参与，逐步实现基本公共服务的均等化、普惠化，让发展成果更多更公平地惠及全体人民。当前，湖南省公共

---

① 《抓住世界经济转型机遇、谋求亚太更大发展》（2017 年 11 月 10 日），
《习近平外交演讲集》（第二卷），中央文献出版社，2022。

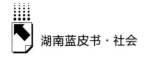

服务供给依然存在短板问题，完善基本公共服务制度体系需要坚持尽力而为、量力而行，从增强均衡性和可及性等多个方面入手。

（一）完善基本公共服务制度体系必须增强其均衡性和可及性

在完善基本公共服务制度体系的过程中，确保均衡性与可及性的双重提升，已成为推动新时代公共服务工作进步的关键所在，亦是实现共同富裕目标的重要基石。这一核心目标，不仅是对传统服务理念的深化，更是对未来公共服务发展方向的精准定位。

一是增强均衡性，首要任务是正视并缩小区域间、城乡间、不同群体间在享受公共服务上的差距。这意味着我们需要通过科学的资源配置策略，优化服务布局，确保每一位社会成员都能公平地获得所需的公共服务，无论其身处何地、属于哪个群体。均衡性的实现，不仅关乎服务内容的标准化与统一化，更在于服务供给过程的透明化与结果的公正性。它要求我们从宏观层面调控生产与供给的平衡，避免资源错配与浪费，同时鼓励并推动公共服务供给端的创新与改革，无论是国家层面的宏观调控，还是地方各层级的具体实施，都需紧密围绕供需适配的核心，确保公共服务投入与产出的高效与均衡。

二是增强可及性，要提升公共服务供给与需求的匹配程度，优化公众在获得公共服务过程中的体验感。这不仅仅是对服务"有无"的简单判断，更是对服务质量"优劣"的深切期待。可及性的提升，需要从空间与内容两个维度同时发力。在空间布局上，我们要确保公共服务设施的分布合理、便捷可达，让群众在家门口就能享受到贴心的服务；在内容提供上，则要关注服务的实用性、经济性与可承受性，确保公共服务产品能够满足群众的多样化需求且价格合理，让群众用得起、用得好。

完善基本公共服务制度体系，必须坚定不移地增强其均衡性与可及性，让公共服务成为推动社会进步、增进民生福祉的强大动力。正如我们所见，从"幼有所育"到"老有所养"，从"劳有所得"到"住有所居"，每一项服务都是对人民群众美好生活向往的积极响应，而均衡性与可及性的双重提升，则是让这份回应更加坚实、更加温暖的关键所在。

（二）完善基本公共服务制度体系必须加强普惠性、基础性、兜底性民生建设

普惠性、基础性、兜底性民生建设，是民生工作的重要任务。要结合实际持续完善制度体系，从多方面入手综合施策、协同推进，确保民生建设高质量发展。

一是加强普惠性民生建设。在基本公共服务的供给层面，需特别聚焦于城镇低保人群、农民工、失业人员等特殊群体，致力于提升公共服务品质，强化其均衡分布与易获取性，以促进社会和谐稳定，不断回应人民对美好生活的新期待。为此，应加大投入力度，创新政策举措，扩大服务覆盖面，切实让人民群众感受到更多的获得感、幸福感与安全感。首先，教育资源需进一步优化配置与共享。通过建立教育资源共享机制，整合并分享优质课程资源，消除地域界限，提高教育资源的利用效率。同时，推动职业教育创新发展，培育符合市场需求的专业技能人才，并加速教育信息化进程，确保城乡学生能平等享受数字技术带来的教育红利。其次，要加强基层医疗卫生体系建设，增加乡镇卫生院及社区卫生服务中心的数量，并提升服务品质。促进高端医疗资源均衡配置，重点支持县级医院引进先进医疗技术与设备，积极推进医保扩面工作，提高医保覆盖率。再次，需提升就业服务的可及性与公平性，完善就业公共服务网络，有效解决结构性就业难题。强化基层就业服务平台建设，提高服务效率，并创新职业技能培训模式，鼓励培训机构与企业合作开展订单式、定向式等新型培

训，确保培训与市场需求紧密衔接。对于高校毕业生、农民工、退役军人等重点群体，应制定并实施专门的就业服务保障措施，提供有效的就业指导与服务，助力他们顺利就业或创业。最后，应着力提升养老服务质量，逐步完善城市社区日间照料、居家养老、康复护理等服务体系，同时，不断提升农村敬老院的服务水平，并推进养老服务标准化建设。

二是加强基础性民生建设。需实施系统性规划与综合策略，提升公共服务均衡性，保障公民享受高品质服务。同时，构建全面的社会保障体系，提高保障标准及民众生活品质，推动区域在绿色、宜居、人文方面的协调发展，以增强民众的认可与满意度。首先，建立更公正高效的便民服务体系。优化政务服务平台，实现一站式便捷服务，深化行政改革，简化流程，提高效率，让数据代替群众跑腿。注重服务均衡，缩小城乡差距，提升基层服务能力。其次，打造智能绿色基础设施网络。完善交通体系，提升运输效率。构建智慧城市、智慧社区，提高城市管理与公共服务水平，为民众提供智能便捷生活。加强公共文化建设，创建多元文化空间，丰富文化惠民活动。加大环境治理投入力度，增加绿地，改善空气质量。最后，构建多层次可持续的社会保障体系。全面推动全民参保计划的深入落实，致力于构建一个全民覆盖、城乡一体化、公平公正、安全可靠的社会保障体系。不断优化社会保险制度，着力提升保障标准，同时积极促进商业保险与企业年金的发展，为民众提供更加多元化的保障方案。

三是加强兜底性民生建设。加强兜底性民生建设，是保障社会公平与和谐的重要举措，体现了中国式现代化坚持发展成果由人民共享的价值追求。其核心在于确保全面性、精准性和可持续性三方面的深度融合与推进。首先，确保全面性，这意味着社会保障体系必须广泛覆盖社会的每一个角落，不留死角。特别是针对老年人、残疾人以及其他特殊困难群体，必须建立健全一套完整且有效的保障机制，确保他们享有最基本的生活保障、医疗保障、养老保障、教育救助以及住房保障等。这不仅是对他们基本生存权利的尊重，也是社会文明进步的体现。其次，确保精准性是加强兜底性民生建设的关键。在实施保障措施时，必须充分考虑不同困难群体的具体需求和实际情况，避免一刀切的做法。通过大数据、云计算等现代信息技术手段，实现困难群体的精准识别、精准帮扶和精准管理。这样，有限的资源才能被精准地投放到最需要的地方，发挥出最大的社会效益。最后，确保可持续性是兜底性民生建设的长远目标。一方面，随着社会经济的不断发展和人民生活水平的持续提高，兜底保障的标准和范围也应相应地进行动态调整，以适应新的社会需求。这要求我们在制定政策时，要具有前瞻性和灵活性，确保社会保障体系能够与时俱进。另一方面，我们还应注重提升困难群体的自我发展能力，通过提供教育、培训、就业支持等多元化服务，帮助他们提升自身素质，拓宽就业渠道，实现收入的可持续提高。这样，才能在根本上解决他们的贫困问题，实现社会的长期稳定和繁荣。

（三）完善基本公共服务制度体系必须坚持经济发展与民生改善相统一

湖南省各县（市、区）经济社会发展水平、生活方式习惯、自然条件和资源禀赋差异较大，应从实际出发、因地制宜，把民生实事办好。在基础性民生建设中应该更多地体现"尽力而为"，在非基础性民生建设中则应更多地体现"量力而行"。

一是要适应各县（市、区）情和发展阶段实际。目前湖南省经济发展面临较大的挑战，政府的财力资源虽然持续增长，但相对于庞大的发展需求而言，仍然显得有限。特别是县域之间，由于历史条件、地理位置、资源禀赋等多种因素的综合影响，经济发展呈现显著的差异性和不均衡性，这不仅体现在经济总量上，也深刻反映在基础设施建设、产业结构、居民生活水平等多个方面。在着手构建和完善公共服务体系的过程中，必须秉持实事求是的原则，充分考虑政府财政承受能力和长远发展的可持续性。不能盲目跟风，追求脱离实际的高标准、高福利政策，以免给财政带来更大的压力，影响经济的健康发展和社会稳定。在完善基本公共服务制度体系的过程中，必须坚持因地制宜、分类指导的原则，深入研究和准确把握各地的实际情况及发展阶段特征。只有这样，我们才能科学合理地设定公共服务的内容与标准，既满足人民群众的基本需求，又促进经济社会的协调发展和全面进步。

二是要确保资源有效配置。政府在分配有限资源时，必须深入洞察人民群众的真实需求，精准识别那些最急需、最困难、最迫切的领域，确保每一分投入都能产生最大的社会效益。通过系统梳理社会事业各领域的基本和非基本公共服务边界，以及明确各自的发展重点，政府可以更加科学地规划资源配置策略。这不仅有助于厘清政府在不同服务供给中的具体责任与权限，减少职能交叉和资源浪费，还能促进服务供给的精准化与个性化，满足人民群众日益增长的多元化需求。立足实际，有多大力就使多大劲，不搞形式主义、不做表面文章，有效规避公共服务体系建设中的常见陷阱，如过度投入、重复建设等。这些问题的解决，不仅能够直接节约宝贵的财政资源，提高资金使用的透明度和效率，还能为政府树立良好的形象，增强公众对政府的信任和支持。

三是要促进公共服务体系可持续发展。构建和完善基本公共服务制度体系是一项既持久又错综复杂的任务，需要坚持不懈地投入精力与资源。秉承尽力而为、量力而行的核心理念，对于保障公共服务体系建设的连贯性及稳固性至关重要，这能有效避免因财政紧张或其他外界因素引发的服务中断或品质下滑现象。通过精心设计与合理设定服务的内容及标准，并结合高效的资源配置与利用策略，制定实施相应措施，可以显著提升公众对公共服务体系的认可度和满意度，进而为基本公共服务制度体系的持续优化与拓展奠定坚实的基础，注入新的活力。

（四）完善公共服务监管机制，保障公共服务质量

完善监管机制，全方位保障公共服务质量，是提升民众满意度与社会福祉的关键举措。通过建立健全的监管机制，可以确保公共服务的提供符合标准和要求，从而提高民众的满意度和社会的福祉。

一是全面建立健全监管体系。要进一步加大对各类公共服务项目的监管力度，确保监管无死角、全覆盖。构建科学、系统、高效的监管体系，通过精心设计与实施，实现对公共服务项目从规划、建设到运营维护的全链条监管。制定并不断完善相关法规和政策是基础，同时，需明确界定监管主体、监管对象、监管方式及监管责任，为公共服务项目的合法合规运营提供坚实的法律保障。此外，加强监管队伍的建设与培训，提升其专业素养与执法能力，是确保监管体系有效运行不可或缺的一环。

二是大力推进信息公开透明，强化社会监督力量。信息公开是提升公共服务质量与效率的重要手段。应充分利用政府网站、社交媒体平台等现代信息传播渠道，及时、准确、全面地发布公共服务项目的相关信息，包括但不限于项目预算、进度安排、服务质量标准、绩效评价结果等，以此增强公众对公共服务项目的了解与信任。同时，建立便捷有效的公众参与机制，鼓励民众通过举报、评议等方式参与监督，形成政府主导、社会参与的多元化监督格局，共同促进公共服务质量的持续提升。

三是构建完善的评估反馈机制，实现动态优化调整。为确保公共服务项目能够持续满足民众需求，应探索建立一套科学、客观的评估体系，定期对公共服务项目的运营效果进行全面评估。评估内容应涵

盖服务效率、服务质量、民众满意度等多个维度，通过量化指标与质性分析相结合的方式，准确反映公共服务项目的真实情况。基于评估结果，应及时调整政策导向与服务内容，对于表现优异的项目给予表彰与推广，对于存在问题的项目则迅速制定改进措施，确保公共服务水平能够随着社会发展与民众需求的变化而不断优化提升。

县（市、区）评价报告

B.2

2024年湖南122个县（市、区）基本公共服务满意度评价报告

马　骏*

摘　要： 本报告基于问卷调查统计结果，对2024年湖南122个县（市、区）基本公共服务满意度进行评价。通过将基本公共服务满意度水平划分为水平较高、水平相对较高、水平居中、水平相对较低、水平较低5个梯度，重点对县域公共服务满意度总体情况、满意度指标典型分值对应县域情况、全部单项指标满意度得分水平较高和水平较低的县域情况、满意度指标得分差异度较大的县域情况等4个方面进行分类评价。研究指出，2024年湖南122个县（市、区）基本公共服务总体满意度为中等偏上水平，全省县域基本公共服务满意度在总分水平、部分县域以及部分指标满意度均衡性上仍有进一步提升的空间。

关键词： 湖南　基本公共服务　县域评价

---

* 执笔：马骏；统稿：陈军、周永根。

2024 年湖南 122 个县（市、区）基本公共服务满意度评价描述的依据如下所述。总体满意度评价依据：将各县域总体满意度按照其得分情况划分为 5 个梯度类型：①总分水平较高（总体满意度得分排第 1~20 位），②总分水平相对较高（总体满意度得分排第 21~50 位），③总分水平居中（总体满意度得分排第 51~70 位），④总分水平相对较低（总体满意度得分排第 71~100 位），⑤总分水平较低（总体满意度得分排第 101~122 位）。单项指标满意度评价依据：将各县域单项指标满意度按照其得分情况划分为 5 个梯度类型：①水平较高（得分排第 1~20 位），②水平相对较高（得分排第 21~50 位），③水平居中（得分排第 51~70 位），④水平相对较低（得分排第 71~100 位），⑤水平较低（得分排第 101~122 位）。

一　2024年湖南122个县（市、区）基本公共服务满意度总体评价

（一）总体满意度情况评价

基于问卷统计结果：2024 年湖南 122 个县（市、区）基本公共服务总体满意度得分为 54.42~84.54 分，平均得分为 68.99 分，湖南 122 个县（市、区）基本公共服务总体满意度为中等偏上水平[①]。122 个县（市、区）中，基本公共服务总体满意度得分高于平均分（68.99 分）的县域有 49 个，占比约为 40%，低于平均分的县域有 73 个，占比约为 60%（见图 1）。

从 122 个县（市、区）基本公共服务总体满意度情况来看，得分为 80~90 分的县域数量为 11 个，占比约为 9%，得分为 70~80 分

---

① 40~60 分为中等水平，60~80 分为中等偏上水平。

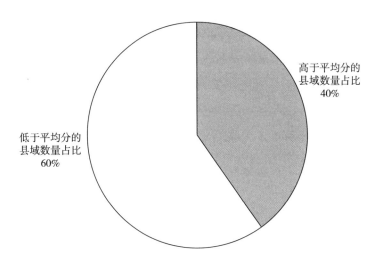

图1　2024年湖南省县域基本公共服务总体满意度得分情况

的县域数量为27个，占比为22%，得分为60~70分的县域数量为74个，占比为61%，得分为50~60分的县域数量为10个，占比约为8%（见图2、表1）。

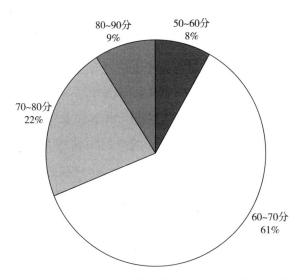

图2　2024年湖南省县域基本公共服务总体满意度各得分区段县域数量占比

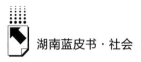

表1 2024年湖南省县域基本公共服务满意度各得分区段县域情况

得分区段	县域
80~90分	湘乡市、雨湖区、雨花区、开福区、天心区、岳塘区、芦淞区、蒸湘区、东安县、芙蓉区、岳麓区
70~80分	天元区、湘潭县、双峰县、望城区、新化县、石峰区、石鼓区、汉寿县、长沙县、衡东县、湘阴县、浏阳市、新邵县、武陵区、冷水江市、鼎城区、安乡县、邵阳县、蓝山县、双清区、桃源县、澧县、华容县、桂东县、衡南县、吉首市、城步县
60~70分	君山区、武陵源区、双牌县、通道县、大祥区、茶陵县、隆回县、娄星区、北塔区、中方县、桃江县、永定区、韶山市、慈利县、汝城县、保靖县、宁乡市、临澧县、炎陵县、岳阳县、永兴县、荷塘区、南县、绥宁县、岳阳楼区、鹤城区、衡阳县、衡山县、攸县、资阳区、溆浦县、津市市、苏仙区、涟源市、南岳区、石门县、洞口县、平江县、渌口区、醴陵市、新田县、花垣县、新宁县、冷水滩区、珠晖区、安化县、雁峰区、宜章县、辰溪县、江华县、道县、临武县、沅江市、江永县、赫山区、常宁市、桂阳县、泸溪县、零陵区、靖州县、云溪区、资兴市、桑植县、芷江县、新晃县、安仁县、会同县、祁东县、邵东市、耒阳市、宁远县、麻阳县、古丈县、沅陵县
50~60分	凤凰县、汨罗市、嘉禾县、永顺县、北湖区、武冈市、龙山县、洪江市、临湘市、祁阳市

2024年湖南122个县（市、区）基本公共服务总体满意度得分中，总体满意度得分80~90分的11个县域中，市辖区9个，县级市1个，县1个；总体满意度得分70~80分的27个县域中，市辖区7个，县级市3个，县17个；总体满意度得分60~70分的74个县域中，市辖区19个，县级市10个，县45个；总体满意度得分50~60分的10个县域中，市辖区1个，县级市5个，县4个（见表2）。

表2 2024年湖南省县域基本公共服务总体满意度各得分区段不同类型县域数量情况

单位：个

得分区段	市辖区	县级市	县	合计
80~90分	9	1	1	11
70~80分	7	3	17	27
60~70分	19	10	45	74
50~60分	1	5	4	10
总计	36	19	67	122

从各个得分区段中不同类型县域的占比看，在总体满意度得分80~90分的11个县域中，市辖区共9个，占比高达82%，说明该得分区段中市辖区类型的县域数量占大多数。在总体满意度得分70~80分的27个县域中，县共17个，占比为63%，说明该得分区段中县类型的县域数量占多数。在总体满意度得分60~70分的74个县域中，县共45个，占比为61%，说明该得分区段中县类型的县域数量占多数。在总体满意度得分50~60分的10个县域中，县共4个，占比为40%，说明该得分区段中县类型的县域数量占多数（见表3）。

表3 2024年湖南省县域基本公共服务总体满意度各得分区段不同类型县域数量占比情况

单位：%

得分区段	市辖区	县级市	县
80~90分	82	9	9
70~80分	26	11	63
60~70分	25	14	61
50~60分	10	50	40

从不同类型县域在各个得分区段中占各自类型的比例看，湖南省有53%的市辖区其基本公共服务得分对应集中在60~70分的区段中，

湖南省有53%的县级市其基本公共服务得分对应集中在60~70分的区段中，湖南省有67%的县其基本公共服务得分对应集中在60~70分的区段中，以上数值说明湖南122个县（市、区）基本公共服务得分的主力区段为60~70分（见表4）。

表4　2024年湖南省不同类型县域基本公共服务总体
满意度在各得分区段占比情况

单位：%

县域类型	80~90分	70~80分	60~70分	50~60分
市辖区	25	19	53	3
县级市	5	16	53	26
县	1	25	67	6

（二）分梯度满意度情况评价

根据问卷统计结果，将湖南122个县（市、区）基本公共服务满意度得分从高到低依次划分为5个梯度类型：总分水平较高（得分排第1~20位）；总分水平相对较高（得分排第21~50位）；总分水平居中（得分排第51~70位）；总分水平相对较低（得分排第71~100位）；总分水平较低（得分排第101~122位）。2024年湖南122个县（市、区）基本公共服务满意度梯度分类情况如表5所示。

表5　2024年湖南省县域基本公共服务满意度梯度分类情况

满意度梯度	县域
总分水平较高	湘乡市、雨湖区、雨花区、开福区、天心区、岳塘区、芦淞区、蒸湘区、东安县、芙蓉区、岳麓区、天元区、湘潭县、双峰县、望城区、新化县、石峰区、石鼓区、汉寿县、长沙县

满意度梯度	县域
总分水平相对较高	衡东县、湘阴县、浏阳市、新邵县、武陵区、冷水江市、鼎城区、安乡县、邵阳县、蓝山县、双清区、桃源县、澧县、华容县、桂东县、衡南县、吉首市、城步县、君山区、武陵源区、双牌县、通道县、大祥区、茶陵县、隆回县、娄星区、北塔区、中方县、桃江县、永定区
总分水平居中	韶山市、慈利县、汝城县、保靖县、宁乡市、临澧县、炎陵县、岳阳县、永兴县、荷塘区、南县、绥宁县、岳阳楼区、鹤城区、衡阳县、衡山县、攸县、资阳区、溆浦县、津市市
总分水平相对较低	苏仙区、涟源市、南岳区、石门县、洞口县、平江县、渌口区、醴陵市、新田县、花垣县、新宁县、冷水滩区、珠晖区、安化县、雁峰区、宜章县、辰溪县、江华县、道县、临武县、沅江市、江永县、赫山区、常宁市、桂阳县、泸溪县、零陵区、靖州县、云溪区、资兴市
总分水平较低	桑植县、芷江县、新晃县、安仁县、会同县、祁东县、邵东市、耒阳市、宁远县、麻阳县、古丈县、沅陵县、凤凰县、汨罗市、嘉禾县、永顺县、北湖区、武冈市、龙山县、洪江市、临湘市、祁阳市

总分水平较高的20个县域中，其基本公共服务满意度得分为77.29~84.54分，其中市辖区13个，县级市1个，县6个；总分水平相对较高的30个县域中，其基本公共服务满意度得分为68.90~76.56分，其中市辖区9个，县级市3个，县18个；总分水平居中的20个县域中，其基本公共服务满意度得分为66.67~68.79分，其中市辖区4个，县级市3个，县13个；总分水平相对较低的30个县域中，其基本公共服务满意度得分为62.11~66.64分，其中市辖区9个，县级市5个，县16个；总分水平较低的22个县域，其基本公共服务满意度得分为54.42~61.77分，其中市辖区1个，县级市7个，县14个。由此说明：市辖区主要分布在总分水平较高、总分水平相对较高、总分水平相对较低3个满意度梯度类别中，县级市则主要分布在总分水平相对较低、总分水平较低2个满意度梯度类别中，县主

要分布在总分水平相对较高、总分水平居中、总分水平相对较低、总分水平较低4个满意度梯度类别中（见表6）。

表6 2024年湖南省县域基本公共服务满意度不同梯度县域数量

单位：个

满意度梯度	市辖区	县级市	县	合计
总分水平较高	13	1	6	20
总分水平相对较高	9	3	18	30
总分水平居中	4	3	13	20
总分水平相对较低	9	5	16	30
总分水平较低	1	7	14	22
总计	36	19	67	122

总分水平较高的20个县域中，市辖区占比为65%，县级市占比为5%，县占比为30%；总分水平相对较高的30个县域中，市辖区占比为30%，县级市占比为10%，县占比为60%；总分水平居中的20个县域中，市辖区占比为20%，县级市占比为15%，县占比为65%；总分水平相对较低的30个县域中，市辖区占比为30%，县级市占比为17%，县占比为53%；总分水平较低的22个县域中，市辖区占比为5%，县级市占比为32%，县占比为64%。由此说明：在总分水平较高的满意度类别中市辖区的占比高于县、县级市，在总分水平相对较高、总分水平居中、总分水平相对较低、总分水平较低4个满意度梯度类别中县的占比均高于市辖区、县级市（见表7）。

表7 2024年湖南省县域基本公共服务满意度不同梯度县域数量占比情况

单位：%

满意度梯度	市辖区	县级市	县
总分水平较高	65	5	30
总分水平相对较高	30	10	60
总分水平居中	20	15	65

满意度梯度	市辖区	县级市	县
总分水平相对较低	30	17	53
总分水平较低	5	32	64

二 2024年湖南122个县（市、区）基本公共服务满意度指标得分评价

（一）各类指标典型分值对应县域

2024 年湖南 122 个县（市、区）基本公共服务满意度评价各项指标，即幼有所育、学有所教、劳有所得、病有所医、老有所养、住有所居、弱有所扶、文体服务、公共安全、市政管理 10 项指标中，各指标满意度得分情况如表 8 所示。

表8 2024年湖南省县域基本公共服务满意度评价
各类指标总体分值情况

单位：分

指标名称	幼有所育	学有所教	劳有所得	病有所医	老有所养	住有所居	弱有所扶	文体服务	公共安全	市政管理
最高分	85.10	85.46	88.59	87.66	85.48	84.34	85.85	85.97	81.85	87.49
平均分	71.59	68.41	64.37	71.88	66.22	64.74	72.23	68.87	70.45	71.90
最低分	54.81	48.37	41.17	54.25	45.38	45.52	55.89	52.80	54.73	55.63

2024 年湖南 122 个县（市、区）基本公共服务满意度评价 10 项指标得分均高于平均分的县域共有 30 个，其中市辖区 15 个、县级市 3 个、县 12 个，分别占 50%、10%、40%；10 项指标得分均低于平

均分的县域共有 35 个，其中市辖区 6 个、县级市 7 个、县 22 个，分别占 17%、20%、63%；10 项指标得分中 5 项高于平均分、5 项低于平均分的县域共有 10 个，其中市辖区 2 个、县级市 2 个、县 6 个，分别占 20%、20%、60%（见表 9）。

表 9　2024 年湖南省县域基本公共服务满意度评价
全部指标得分分类情况

满意度指标得分情况	县域
10 项指标得分均高于平均分	雨花区、湘乡市、天心区、开福区、芙蓉区、雨湖区、东安县、蒸湘区、衡东县、岳麓区、新邵县、石峰区、汉寿县、双峰县、湘潭县、湘阴县、芦淞区、浏阳市、天元区、新化县、邵阳县、武陵区、长沙县、鼎城区、望城区、双清区、石鼓区、冷水江市、华容县、澧县
10 项指标得分均低于平均分	宜章县、南县、洞口县、珠晖区、新晃县、平江县、桂阳县、新宁县、花垣县、沅陵县、辰溪县、安仁县、雁峰区、桑植县、赫山区、江永县、祁东县、邵东市、汨罗市、道县、麻阳县、零陵区、古丈县、嘉禾县、宁远县、耒阳市、云溪区、武冈市、北湖区、凤凰县、临湘市、龙山县、洪江市、永顺县、祁阳市
10 项指标得分中 5 项高于平均分、5 项低于平均分	沅江市、汝城县、临澧县、娄星区、北塔区、绥宁县、韶山市、城步县、隆回县、茶陵县

（二）单项指标典型分值对应县域

从 10 个满意度单项指标得分情况看，单项指标对应得分最高的县域有 5 个，分别为岳塘区、天心区、雨湖区、湘乡市、蒸湘区。其中，岳塘区在幼有所育、文体服务 2 项指标中得分最高，天心区在学有所教指标中得分最高，雨湖区在劳有所得、住有所居、市政管理 3 项指标中得分最高，湘乡市在病有所医、老有所养、弱有所扶 3 项指标中得分最高，蒸湘区在公共安全指标中得分最高。

单项指标对应得分居中的县域有 8 个，分别为慈利县、衡南县、衡山县、涟源市、永兴县、渌口区、隆回县、通道县。其中，慈利县、衡山县、涟源市、渌口区、隆回县、通道县依次在幼有所育、劳有所得、病有所医、住有所居、弱有所扶、市政管理 6 项指标中接近该指标平均得分，衡南县在学有所教、文体服务 2 项指标中接近该指标平均得分，永兴县在老有所养、公共安全 2 项指标中接近该指标平均得分。

单项指标对应得分最低的县域有 5 个，分别为祁阳市、常宁市、沅江市、沅陵县、永顺县。其中，祁阳市在幼有所育、病有所医、弱有所扶、市政管理 4 项指标中得分最低，常宁市在学有所教、劳有所得 2 项指标中得分最低，沅江市在老有所养、住有所居 2 项指标中得分最低，沅陵县在文体服务指标中得分最低，永顺县在公共安全指标中得分最低（见表 10）。

表 10　2024 年湖南省县域基本公共服务满意度评价
单项指标得分分类情况

指标名称	幼有所育	学有所教	劳有所得	病有所医	老有所养	住有所居	弱有所扶	文体服务	公共安全	市政管理
得分最高	岳塘区	天心区	雨湖区	湘乡市	湘乡市	雨湖区	湘乡市	岳塘区	蒸湘区	雨湖区
得分居中	慈利县	衡南县	衡山县	涟源市	永兴县	渌口区	隆回县	衡南县	永兴县	通道县
得分最低	祁阳市	常宁市	常宁市	祁阳市	沅江市	沅江市	祁阳市	沅陵县	永顺县	祁阳市

2024 年湖南省县域基本公共服务满意度评价单项指标得分最高的 10 个县域中，市辖区为 7 项，占比为 70%，县级市为 3 项，占比 30%，县为 0 项，市辖区成为满意度评价单项指标得分最高的主体类别；单项指标得分居中的 10 个县域中，市辖区为 1 项，占比 10%，

县级市为 1 项，占比为 10%，县为 8 项，占比为 80%，县成为满意度评价单项指标得分居中的主体类别；单项指标得分最低的 10 个县域中，市辖区为 0 项，县级市为 8 项，占比为 80%，县为 2 项，占比为 20%，县级市成为满意度评价单项指标得分最低的主体类别。

三　2024年湖南基本公共服务全部单项指标满意度得分水平较高、较低的县域评价

（一）全部单项指标满意度得分水平较高的县域评价

从满意度单项指标得分情况看，全部 10 个单项指标满意度得分水平较高（得分第 1~20 位）的县域有 8 个，分别为天心区、开福区、雨花区、芦淞区、雨湖区、岳塘区、湘乡市、蒸湘区，说明上述县域基本公共服务各项指标满意度得分均较高且总体满意度相对较为均衡。

1. 天心区

2024 年天心区在县域基本公共服务满意度调查中得分为 82.18 分，在全省 122 个县（市、区）中总分水平较高。从基本公共服务 10 个单项指标满意度来看，天心区在全省 122 个县（市、区）中幼有所育、学有所教、劳有所得、病有所医、老有所养、住有所居、弱有所扶、文体服务、公共安全、市政管理等全部 10 项指标满意度水平较高，总体优势突出。从满意度得分来看，所有指标中除住有所居指标得分低于 80 分外，其余 9 项指标得分均超过 80 分，表现良好。整体来看，天心区在湖南 122 个县（市、区）中基本公共服务满意度总体水平较高，且各项指标满意度相对均衡（见表 11、图 3）。

表 11　天心区基本公共服务各指标满意度及总体满意度得分

单位：分

天心区	幼有所育	学有所教	劳有所得	病有所医	老有所养	住有所居	弱有所扶	文体服务	公共安全	市政管理	总体满意度
得分	84.11	85.46	80.56	80.98	82.36	78.95	82.94	82.85	81.58	81.88	82.18

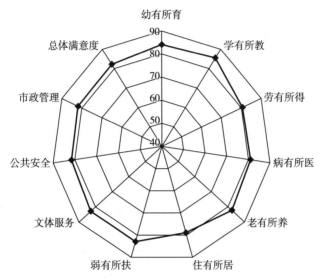

图 3　天心区基本公共服务各指标满意度及总体满意度得分雷达图

2. 开福区

2024年开福区在县域基本公共服务满意度调查中得分为82.44分，在全省122个县（市、区）中总分水平较高。从基本公共服务10个单项指标满意度来看，开福区在全省122个县（市、区）中幼有所育、学有所教、劳有所得、病有所医、老有所养、住有所居、弱有所扶、文体服务、公共安全、市政管理等全部10项指标满意度水平较高，总体优势突出。从满意度得分来看，所有指标中除公共安全指标得分低于80分外，其余9项指标得分均超过82分。整体来看，开福区在湖南122个县（市、区）中基本公共服务满意度总体水平较高，且各项指标满意度比较均衡（见表12、图4）。

表12　开福区基本公共服务各指标满意度及总体满意度得分

单位：分

开福区	幼有所育	学有所教	劳有所得	病有所医	老有所养	住有所居	弱有所扶	文体服务	公共安全	市政管理	总体满意度
得分	84.09	82.12	84.03	82.16	82.65	82.92	82.15	82.33	79.58	82.41	82.44

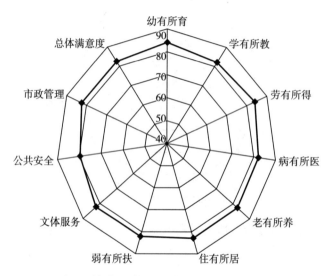

图4　开福区基本公共服务各指标满意度得分雷达图

3. 雨花区

2024年雨花区在县域基本公共服务满意度调查中得分为83.21分，在全省122个县（市、区）中总分水平较高。从基本公共服务10个单项指标满意度来看，雨花区在全省122个县（市、区）中幼有所育、学有所教、劳有所得、病有所医、老有所养、住有所居、弱有所扶、文体服务、公共安全、市政管理等全部10项指标满意度水平较高，总体优势突出。从满意度得分来看，所有指标得分高于80

分，表现突出。整体来看，雨花区在湖南 122 个县（市、区）中基本公共服务满意度总体水平较高，且各项指标满意度相对均衡（见表 13、图 5）。

表 13　雨花区基本公共服务各指标满意度及总体满意度得分

单位：分

雨花区	幼有所育	学有所教	劳有所得	病有所医	老有所养	住有所居	弱有所扶	文体服务	公共安全	市政管理	总体满意度
得分	84.83	84.34	80.57	85.17	84.41	82.17	82.31	83.90	81.32	83.04	83.21

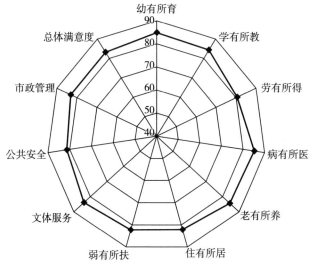

图 5　雨花区基本公共服务各指标满意度得分雷达图

4.芦淞区

2024 年芦淞区在县域基本公共服务满意度调查中得分为 81.20 分，在全省 122 个县（市、区）中总分水平较高。从基本公共服务 10 个单项指标满意度来看，芦淞区在全省 122 个县（市、区）中幼有所育、学有所教、劳有所得、病有所医、老有所养、住有所居、弱有所扶、文体服务、公共安全、市政管理等全部 10 项指标满意度水平较高，总体优势突出。从满意度得分来看，所有指标中除幼有所育、住有所居、公共安全3项指标得分低于80分外，其余7项指标得分均超过80分，表现良好。整体来看，芦淞区在湖南122个县（市、区）中基本公共服务满意度总体水平较高，且各项指标满意度较为均衡，但幼有所育、住有所居、公共安全方面满意度仍有提升空间（见表14、图6）。

表14　芦淞区基本公共服务各指标满意度及总体满意度得分

单位：分

芦淞区	幼有所育	学有所教	劳有所得	病有所医	老有所养	住有所居	弱有所扶	文体服务	公共安全	市政管理	总体满意度
得分	79.32	82.87	80.44	83.92	83.35	77.10	81.21	83.79	77.45	82.17	81.20

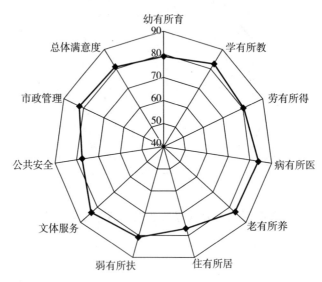

图6　芦淞区基本公共服务各指标满意度得分雷达图

5. 雨湖区

2024年雨湖区在县域基本公共服务满意度调查中得分为84.44分，在全省122个县（市、区）中总分水平较高。从基本公共服务10个单项指标满意度来看，雨湖区在全省 122 个县（市、区）中幼有所育、学有所教、劳有所得、病有所医、老有所养、住有所居、弱有所扶、文体服务、公共安全、市政管理等全部 10 项指标满意度水平较高，总体优势突出。从满意度得分来看，全部指标中除公共安全外，其余 9 项指标得分均超过 82 分，表现突出。整体来看，雨湖区在湖南 122 个县（市、区）中基本公共服务满意度总体水平较高，且各项指标满意度相对均衡，但公共安全方面满意度仍有提升空间（见表 15、图 7）。

表 15　雨湖区基本公共服务各指标满意度及总体满意度得分

单位：分

雨湖区	幼有所育	学有所教	劳有所得	病有所医	老有所养	住有所居	弱有所扶	文体服务	公共安全	市政管理	总体满意度
得分	83.28	85.36	88.59	85.00	83.13	84.34	82.57	85.20	79.38	87.49	84.44

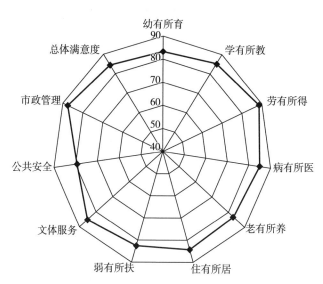

图 7　雨湖区基本公共服务各指标满意度得分雷达图

6. 岳塘区

2024 年岳塘区在县域基本公共服务满意度调查中得分为 82.01 分，

在全省 122 个县（市、区）中总分水平较高。从基本公共服务 10 个单项指标满意度来看，岳塘区在全省 122 个县（市、区）中幼有所育、学有所教、劳有所得、病有所医、老有所养、住有所居、弱有所扶、文体服务、公共安全、市政管理等全部 10 项指标满意度水平较高，总体优势突出。从满意度得分来看，所有指标中除公共安全指标得分低于 80 分外，其余 9 项指标得分均超过 80 分，表现良好。整体来看，岳塘区在湖南 122 个县（市、区）中基本公共服务满意度总体水平较高，且各项指标满意度较为均衡，但公共安全方面满意度仍需提升（见表 16、图 8）。

表 16　岳塘区基本公共服务各指标满意度及总体满意度得分

单位：分

岳塘区	幼有所育	学有所教	劳有所得	病有所医	老有所养	住有所居	弱有所扶	文体服务	公共安全	市政管理	总体满意度
得分	85.14	81.50	80.43	81.00	81.80	80.76	84.54	85.97	78.59	81.92	82.01

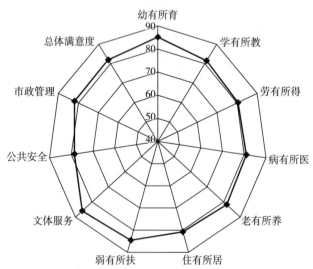

图 8　岳塘区基本公共服务各指标满意度得分雷达图

7.湘乡市

2024 年湘乡市在县域基本公共服务满意度调查中得分为 84.54

分，在全省 122 个县（市、区）中总分最高。从基本公共服务 10 个单项指标满意度来看，湘乡市在全省 122 个县（市、区）中病有所医、老有所养、弱有所扶 3 项指标满意度得分均位列第一，住有所居、公共安全、市政管理 3 项指标满意度得分位列第二，幼有所育、劳有所得、文体服务 3 项指标满意度得分位列第三，学有所教指标满意度得分位列第十，总体优势十分突出。从满意度得分来看，全部指标满意度得分高于 81 分，病有所医指标得分最高，达 87.66 分，表现突出。整体来看，湘乡市在湖南 122 个县（市、区）中基本公共服务满意度总体水平优异，且各项指标满意度比较均衡（见表 17、图 9）。

表 17　湘乡市基本公共服务各指标满意度及总体满意度得分

单位：分

湘乡市	幼有所育	学有所教	劳有所得	病有所医	老有所养	住有所居	弱有所扶	文体服务	公共安全	市政管理	总体满意度
得分	84.26	81.70	83.87	87.66	85.48	83.51	85.85	84.72	81.72	86.80	84.54

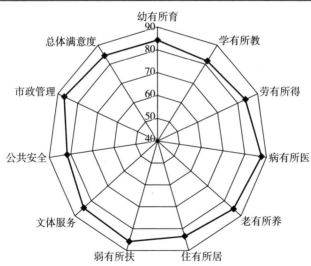

图 9　湘乡市基本公共服务各指标满意度得分雷达图

8. 蒸湘区

2024 年蒸湘区在县域基本公共服务满意度调查中得分为 81.08 分，

在全省122个县（市、区）中满意度总分水平较高。从基本公共服务
10个单项指标满意度来看，蒸湘区在全省122个县（市、区）中公共
安全指标满意度最高，显示该区在公共安全领域获得居民的充分肯定，
老有所养、住有所居、学有所教、幼有所育、病有所医、市政管理、
劳有所得、弱有所扶、文体服务等9项指标满意度水平相对较高，总
体优势突出。从满意度得分来看，所有指标中除劳有所得、文体服务2
项指标得分低于80分外，其余8项指标得分均超过80分，表现良好。
整体来看，蒸湘区在湖南122个县（市、区）中基本公共服务满意度
总体水平较高，且各项指标满意度均衡性较好，但劳有所得、文体服
务方面满意度仍有提升空间（见表18、图10）。

表18　蒸湘区基本公共服务各指标满意度及总体满意度得分

单位：分

蒸湘区	幼有所育	学有所教	劳有所得	病有所医	老有所养	住有所居	弱有所扶	文体服务	公共安全	市政管理	总体满意度
得分	81.62	82.40	76.29	82.02	82.98	81.38	81.58	78.50	81.85	81.76	81.08

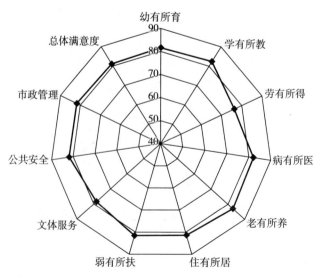

图10　蒸湘区基本公共服务各指标满意度得分雷达图

（二）全部单项指标满意度得分水平较低的县域评价

从满意度单项指标得分情况看，全部10个单项指标满意度得分水平较低（得分排第101~122位）的县域有2个，分别为临湘市、祁阳市，说明以上县域基本公共服务各项指标满意度得分水平均较低，亟须大力且全方位加强和提升。

1. 临湘市

2024年临湘市在县域基本公共服务满意度调查中得分为56.00分，在全省122个县（市、区）中满意度总分水平较低。从基本公共服务10个单项指标满意度来看，临湘市在全省122个县（市、区）中住有所居、劳有所得、公共安全、学有所教、文体服务、幼有所育、老有所养、市政管理、病有所医、弱有所扶等全部10项指标满意度水平较低，需高度重视并着力改善。从满意度得分来看，公共安全指标得分高于60分，幼有所育、弱有所扶、市政管理3项指标得分接近60分，其余6项指标得分均偏低，需重点关注。整体来看，临湘市在湖南122个县（市、区）中基本公共服务满意度总体水平较低，全部指标，特别是弱有所扶、病有所医等方面满意度需重点关注并着力提升（见表19、图11）。

表 19　临湘市基本公共服务各指标满意度及总体满意度得分

单位：分

临湘市	幼有所育	学有所教	劳有所得	病有所医	老有所养	住有所居	弱有所扶	文体服务	公共安全	市政管理	总体满意度
得分	58.04	54.36	54.48	56.89	52.07	54.71	57.18	54.78	61.06	57.15	56.00

2. 祁阳市

2024年祁阳市在县域基本公共服务满意度调查中得分为54.42分，在全省122个县（市、区）中满意度总分水平较低。从基本公共服务

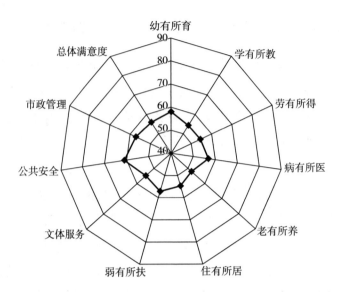

图11 临湘市基本公共服务各指标满意度得分雷达图

10个单项指标满意度来看，祁阳市在全省122个县（市、区）中全部10项指标满意度水平较低，需引起高度重视，深入分析原因并着力加以改善。从满意度得分来看，全部指标得分低于60分但高于50分，其中弱有所扶、公共安全、市政管理3项指标得分高于55分，幼有所育、学有所教、劳有所得、病有所医、文体服务等5项指标得分接近55分，老有所养、住有所居2项指标得分偏低。整体来看，祁阳市在湖南122个县（市、区）中基本公共服务满意度总体水平较低，全部指标满意度需大力提升（见表20、图12）。

表20 祁阳市基本公共服务各指标满意度及总体满意度得分

单位：分

祁阳市	幼有所育	学有所教	劳有所得	病有所医	老有所养	住有所居	弱有所扶	文体服务	公共安全	市政管理	总体满意度
得分	54.81	54.14	54.10	54.25	52.95	51.34	55.89	54.40	56.81	55.63	54.42

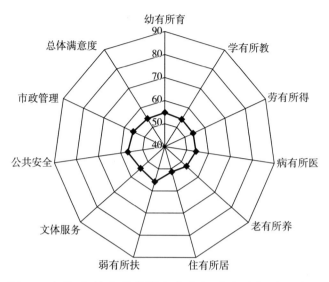

图12　祁阳市基本公共服务各指标满意度得分雷达图

四　2024年湖南基本公共服务满意度指标得分差异度较大的县域评价

（一）部分指标满意度得分差异度较大的县域评价

1. 宁乡市

2024年宁乡市在县域基本公共服务满意度调查中得分为68.33分，在全省122个县（市、区）中总分水平居中。从基本公共服务10个单项指标满意度来看，宁乡市在全省122个县（市、区）中文体服务、市政管理、学有所教、病有所医、幼有所育等5项指标满意度水平相对较高，弱有所扶、老有所养、公共安全等3项指标满意度水平居中，劳有所得、住有所居等2项指标满意度水平相对较低，需重点关注。从满意度得分来看，幼有所育、病有所医、弱有所扶、文体服务、市政管理5项指标得分均高于70分，学有所教、公共安全2项指标得分接近

70分，劳有所得、住有所居2项指标得分低于60分，需着力提升。整体来看，宁乡市在湖南122个县（市、区）中基本公共服务满意度总体水平居中，部分指标满意度均衡性有待改善，特别是劳有所得、老有所养、住有所居等方面满意度仍需着力提升（见表21、图13）。

表21　宁乡市基本公共服务各指标满意度及总体满意度得分

单位：分

宁乡市	幼有所育	学有所教	劳有所得	病有所医	老有所养	住有所居	弱有所扶	文体服务	公共安全	市政管理	总体满意度
得分	71.85	69.88	58.78	73.34	64.10	59.25	72.33	73.02	69.09	73.53	68.33

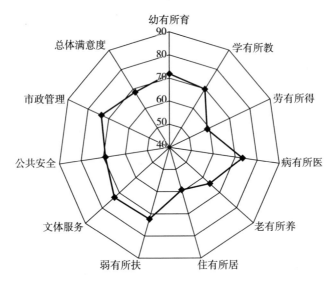

图13　宁乡市基本公共服务各指标满意度得分雷达图

2. 荷塘区

2024年荷塘区在县域基本公共服务满意度调查中得分为67.54分，在全省122个县（市、区）中总分水平居中。从基本公共服务10个单项指标满意度来看，荷塘区在全省122个县（市、区）中文体服务、幼有所育、学有所教、劳有所得4项指标满意度水平相对较高，公共安全、病有所医 2 项指标满意度水平居中，老有所养、住有所居、市政管理、弱有所扶 4 项指标满意度水平相对较低，需要重点关注。从满意度得分来看，全部指标得分超过 60 分，其中幼有所育、病有所医、文体服务、公共安全 4 项指标得分均高于 70 分，学有所教、弱有所扶、市政管理 3 项指标得分为 65~70 分，劳有所得、老有所养、住有所居 3 项指标得分均低于 65 分。整体来看，荷塘区在湖南 122 个县（市、区）中基本公共服务满意度总体水平居中，部分指标满意度均衡性有待改善，特别是劳有所得、住有所居、老有所养、弱有所扶等方面满意度需着力提升（见表 22、图 14）。

表 22 荷塘区基本公共服务各指标满意度及总体满意度得分

单位：分

荷塘区	幼有所育	学有所教	劳有所得	病有所医	老有所养	住有所居	弱有所扶	文体服务	公共安全	市政管理	总体满意度
得分	72.00	68.05	63.92	70.00	63.15	61.04	66.90	72.73	70.73	68.49	67.54

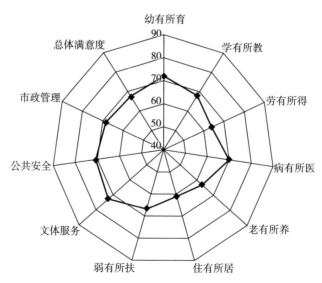

图 14 荷塘区基本公共服务各指标满意度得分雷达图

3. 渌口区

2024 年渌口区在县域基本公共服务满意度调查中得分为 65.88 分，在全省 122 个县（市、区）中总分水平相对较低。从基本公共服务 10 个单项指标满意度来看，渌口区在全省 122 个县（市、区）中文体服务、学有所教 2 项指标满意度水平相对较高，住有所居、幼有所育 2 项指标满意度水平居中，老有所养、病有所医、劳有所得、市政管理、公共安全 5 项指标满意度水平相对较低，弱有所扶指标满意度水平较低，需重点关注和加强。从满意度得分来看，除劳有所得外，其余指标得分均超过 60 分，其中学有所教、文体服务指标得分均高于 70 分，幼有所育、病有所医、公共安全、市政管理 4 项指标得分均接近 70 分。整体来看，渌口区在湖南 122 个县（市、区）中基本公共服务满意度总体水平相对较低，且部分指标满意度均衡性有待改善，特别是劳有所得、弱有所扶、住有所居等方面满意度需着力提升（见表 23、图 15）。

表 23　渌口区基本公共服务各指标满意度及总体满意度得分

单位：分

渌口区	幼有所育	学有所教	劳有所得	病有所医	老有所养	住有所居	弱有所扶	文体服务	公共安全	市政管理	总体满意度
得分	69.60	71.09	58.44	67.31	61.32	64.53	63.76	72.56	66.11	66.28	65.88

4. 炎陵县

2024 年炎陵县在县域基本公共服务满意度调查中得分为 68.10 分，在全省 122 个县（市、区）中总分水平居中。从基本公共服务 10 个单项指标满意度来看，炎陵县在全省 122 个县（市、区）中老有所养、学有所教 2 项指标满意度水平相对较高，劳有所得、病有所医、住有所居、市政管理、文体服务 5 项指标满意度水平居中，公共安全、幼有所育、弱有所扶 3 项指标满意度水平相对较低，需要重点

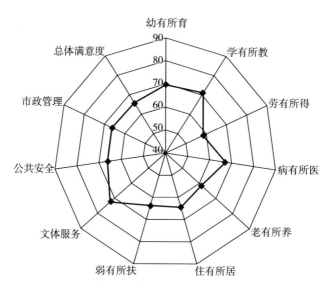

图15 渌口区基本公共服务各指标满意度得分雷达图

关注。从满意度得分来看，全部指标得分高于60分，其中病有所医、老有所养、市政管理3项指标得分均高于70分，幼有所育、学有所教、弱有所扶、公共安全4项指标得分均接近70分，劳有所得、住有所居2项指标得分相对较低。整体来看，炎陵县在湖南122个县（市、区）中基本公共服务满意度总体水平居中，部分指标满意度均衡性有待改善，特别是劳有所得、住有所居、弱有所扶等方面满意度需重点关注并着力提升（见表24、图16）。

表24 炎陵县基本公共服务各指标满意度及总体满意度得分

单位：分

炎陵县	幼有所育	学有所教	劳有所得	病有所医	老有所养	住有所居	弱有所扶	文体服务	公共安全	市政管理	总体满意度
得分	68.94	69.36	63.16	70.39	71.01	63.24	68.68	66.36	68.71	70.27	68.10

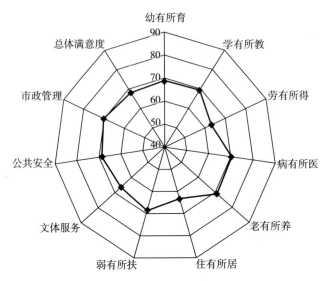

图16 炎陵县基本公共服务各指标满意度得分雷达图

5.醴陵市

2024年醴陵市在县域基本公共服务满意度调查中得分为65.80分，在全省122个县（市、区）中总分水平相对较低。从基本公共服务10个单项指标满意度来看，醴陵市在全省122个县（市、区）中学有所教、公共安全、文体服务3项指标满意度水平相对较高，老有所养、市政管理、劳有所得、弱有所扶、病有所医、幼有所育6项指标满意度水平相对较低，住有所居指标满意度水平较低，需要重点关注和加强。从满意度得分来看，除劳有所得、住有所居2项指标外其余指标得分均超过60分，其中学有所教、文体服务、公共安全3项指标得分均高于70分，幼有所育、弱有所扶、市政管理3项指标得分均接近70分。整体来看，醴陵市在湖南122个县（市、区）中基本公共服务满意度总体水平相对较低，部分指标满意度均衡性亟待提升，特别是住有所居、劳有所得等方面满意度需着力提升（见表25、图17）。

表25　醴陵市基本公共服务各指标满意度及总体满意度得分

单位：分

醴陵市	幼有所育	学有所教	劳有所得	病有所医	老有所养	住有所居	弱有所扶	文体服务	公共安全	市政管理	总体满意度
得分	66.26	77.12	58.91	65.98	62.57	53.40	68.04	70.16	72.13	68.91	65.80

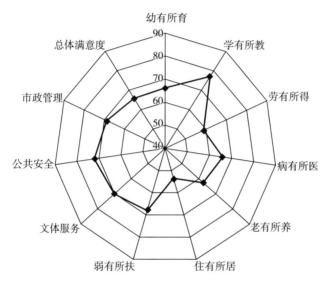

图17　醴陵市基本公共服务各指标满意度得分雷达图

6.韶山市

2024年韶山市在县域基本公共服务满意度调查中得分为68.79分，在全省122个县（市、区）中总分水平居中。从基本公共服务10个单项指标满意度来看，韶山市在全省122个县（市、区）中文体服务、学有所教、幼有所育3项指标满意度水平相对较高，市政管理、弱有所扶、住有所居、劳有所得、病有所医、老有所养、公共安全7项指标满意度水平居中。从满意度得分来看，所有指标得分高于60分，其中幼有所育、学有所教、病有所医、弱有所扶、文体服务、市政管理6项指标得分均超过70分。整体来看，韶山市在湖南122

个县（市、区）中基本公共服务满意度总体水平居中，部分指标满意度均衡性有待改善，特别是劳有所得、老有所养、住有所居、公共安全等方面满意度需着力提升（见表26、图18）。

表26　韶山市基本公共服务各指标满意度及总体满意度得分

单位：分

韶山市	幼有所育	学有所教	劳有所得	病有所医	老有所养	住有所居	弱有所扶	文体服务	公共安全	市政管理	总体满意度
得分	72.85	70.85	63.48	70.34	63.45	63.71	72.79	71.29	68.71	72.15	68.79

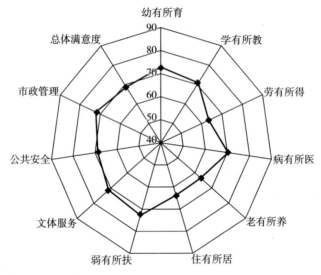

图18　韶山市基本公共服务各指标满意度得分雷达图

7. 珠晖区

2024年珠晖区在县域基本公共服务满意度调查中得分为64.96分，在全省122个县（市、区）中总分水平相对较低。从基本公共服务10个单项指标满意度来看，珠晖区在全省122个县（市、区）中病有所医、幼有所育2项指标满意度水平居中，学有所教、住有所居、文体服务、弱有所扶、老有所养、市政管理、公共安全7项指标满意度水平相对较低，劳有所得指标满意度水平较低，需要重点关注。从满意度得分来看，除劳有所得外，其余指标得分均超过60分，病有所医指标得分高于70分，幼有所育、弱有所扶2项指标得分均接近70分，学有所教、公共安全、市政管理3项指标得分均高于65分。整体来看，珠晖区在湖南122个县（市、区）中基本公共服务满意度总体水平相对较低，且部分指标满意度均衡性有待改善，特别是劳有所得、老有所养、住有所居等方面满意度需着力提升（见表27、图19）。

表 27　珠晖区基本公共服务各指标满意度及总体满意度得分

单位：分

珠晖区	幼有所育	学有所教	劳有所得	病有所医	老有所养	住有所居	弱有所扶	文体服务	公共安全	市政管理	总体满意度
得分	69.99	65.30	57.14	71.12	60.55	61.10	68.84	64.79	66.08	66.07	64.96

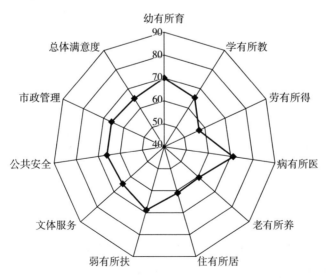

图 19　珠晖区基本公共服务各指标满意度得分雷达图

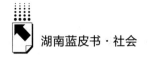

8. 南岳区

2024年南岳区在县域基本公共服务满意度调查中得分为66.36分，在全省122个县（市、区）中总分水平相对较低。从基本公共服务10个单项指标满意度来看，南岳区在全省122个县（市、区）中劳有所得指标满意度水平相对较高，文体服务、老有所养、幼有所育、弱有所扶4项指标满意度水平居中，学有所教、公共安全、病有所医、住有所居、市政管理5项指标满意度水平相对较低，需要重点关注。从满意度得分来看，除住有所居指标外，其余9项指标得分均超过60分，其中幼有所育、弱有所扶2项指标得分均高于70分，病有所医、文体服务、公共安全3项指标得分均接近70分。整体来看，南岳区在湖南122个县（市、区）中基本公共服务满意度总体水平相对较低，且部分指标满意度均衡性有待改善，特别是住有所居、老有所养、学有所教、市政管理等方面满意度需着力提升（见表28、图20）。

表28 南岳区基本公共服务各指标满意度及总体满意度得分

单位：分

南岳区	幼有所育	学有所教	劳有所得	病有所医	老有所养	住有所居	弱有所扶	文体服务	公共安全	市政管理	总体满意度
得分	70.18	65.48	65.50	67.10	64.98	58.14	70.43	68.80	68.39	65.12	66.36

9. 衡山县

2024年衡山县在县域基本公共服务满意度调查中得分为67.16分，在全省122个县（市、区）中总分水平居中。从基本公共服务10个单项指标满意度来看，衡山县在全省122个县（市、区）中市政管理指标满意度水平相对较高，劳有所得、学有所教、老有所养、弱有所扶、文体服务5项指标满意度水平居中，病有所医、幼有所育、公共安全、住有所居4项指标满意度水平相对较低，需重点关注。从满意度得分来看，全部指标得分超过58分，其中弱有所扶、

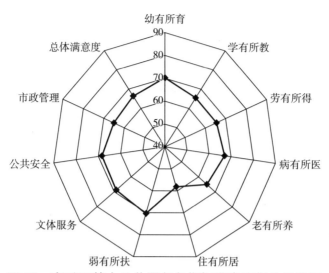

图20 南岳区基本公共服务各指标满意度得分雷达图

市政管理2项指标得分均高于70分，幼有所育、学有所教、病有所医、文体服务、公共安全5项指标得分均接近70分，住有所居指标得分相对较低。整体来看，衡山县在湖南122个县（市、区）中基本公共服务满意度总体水平居中，部分指标满意度均衡性有待改善，特别是劳有所得、住有所居、老有所养、文体服务等方面满意度需重点关注和着力提升（见表29、图21）。

表29 衡山县基本公共服务各指标满意度及总体满意度得分

单位：分

衡山县	幼有所育	学有所教	劳有所得	病有所医	老有所养	住有所居	弱有所扶	文体服务	公共安全	市政管理	总体满意度
得分	69.54	67.41	64.10	69.42	63.94	58.27	71.25	66.76	68.59	72.65	67.16

10. 邵阳县

2024年邵阳县在县域基本公共服务满意度调查中得分为73.32分，在全省122个县（市、区）中总分水平相对较高。从基本公共服务10

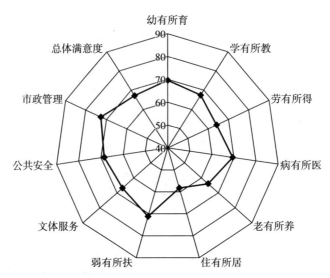

图21　衡山县基本公共服务各指标满意度得分雷达图

个单项指标满意度来看，邵阳县在全省122个县（市、区）中文体服务、老有所养、幼有所育、学有所教、公共安全、市政管理、住有所居、弱有所扶、病有所医9项指标满意度水平相对较高，劳有所得指标满意度水平居中，总体优势明显。从满意度得分来看，所有指标得分超过60分，其中幼有所育、学有所教、弱有所扶、市政管理4项指标得分均接近80分，劳有所得、住有所居2项指标得分相对较低。整体来看，邵阳县在湖南122个县（市、区）中基本公共服务满意度总体水平相对较高，但部分指标满意度均衡性有待改善，特别是劳有所得、住有所居等方面满意度需进一步提升（见表30、图22）。

表30　邵阳县基本公共服务各指标满意度及总体满意度得分

单位：分

邵阳县	幼有所育	学有所教	劳有所得	病有所医	老有所养	住有所居	弱有所扶	文体服务	公共安全	市政管理	总体满意度
得分	77.53	77.38	64.77	74.76	72.22	66.97	77.23	75.96	75.17	76.43	73.32

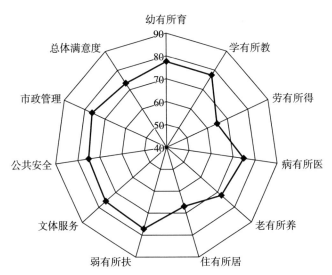

图22　邵阳县基本公共服务各指标满意度得分雷达图

11. 洞口县

2024年洞口县在县域基本公共服务满意度调查中得分为66.21分，在全省122个县（市、区）中总分水平相对较低。从基本公共服务10个单项指标满意度来看，洞口县在全省122个县（市、区）中弱有所扶、市政管理、住有所居、幼有所育4项指标满意度水平居中，公共安全、病有所医、老有所养、学有所教、文体服务、劳有所得6项指标满意度水平相对较低，需重点关注。从满意度得分来看，除劳有所得外，其余指标得分均超过60分，幼有所育、弱有所扶、市政管理3项指标得分均高于70分，病有所医、公共安全2项指标得分均接近70分，文体服务、劳有所得、老有所养、住有所居4项指标得分相对较低，需着力提升。整体来看，洞口县在湖南122个县（市、区）中基本公共服务满意度总体水平相对较低，且部分指标满意度均衡性有待改善，特别是劳有所得、老有所养、住有所居、文体服务等方面满意度需着力提升（见表31、图23）。

表31　洞口县基本公共服务各指标满意度及总体满意度得分

单位：分

洞口县	幼有所育	学有所教	劳有所得	病有所医	老有所养	住有所居	弱有所扶	文体服务	公共安全	市政管理	总体满意度
得分	70.07	65.10	58.16	68.61	62.52	62.91	71.98	65.15	68.39	70.60	66.21

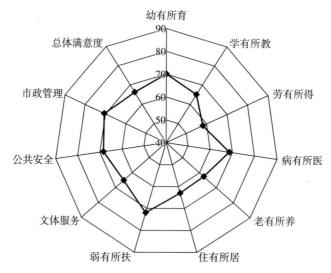

图23　洞口县基本公共服务各指标满意度得分雷达图

12. 华容县

2024年华容县在县域基本公共服务满意度调查中得分为71.46分，在全省122个县（市、区）中总分水平相对较高。从基本公共服务10个单项指标满意度来看，华容县在全省122个县（市、区）中学有所教、文体服务、老有所养、市政管理、弱有所扶、幼有所育、劳有所得、病有所医、住有所居9项指标满意度水平相对较高，公共安全指标满意度水平居中，总体优势明显。从满意度得分来看，所有指标得分高于65分，其中市政管理指标得分超过75分，幼有所育、学有所教、病有所医、弱有所扶、文体服务、公共安全6项指标得分超过 70 分，劳有所得、老有所养、住有所居 3 项指标得分均低于 70 分。整体来看，华容县在湖南 122 个县（市、区）中基本公共服务满意度总体水平相对较高，但部分指标满意度均衡性有待改善，特别是劳有所得、老有所养、住有所居等方面满意度有待提升（见表 32、图 24）。

表 32　华容县基本公共服务各指标满意度及总体满意度得分

单位：分

华容县	幼有所育	学有所教	劳有所得	病有所医	老有所养	住有所居	弱有所扶	文体服务	公共安全	市政管理	总体满意度
得分	72.92	73.68	65.66	73.17	69.28	65.61	74.62	74.05	70.71	75.82	71.46

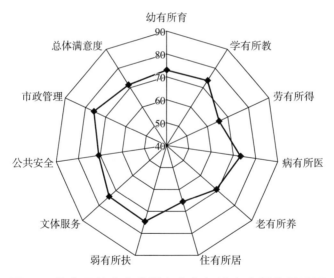

图 24　华容县基本公共服务各指标满意度得分雷达图

13.湘阴县

2024 年湘阴县在县域基本公共服务满意度调查中得分为 76.26 分，在全省 122 个县（市、区）中总分水平相对较高。从基本公共服务 10 个单项指标满意度来看，湘阴县在全省 122 个县（市、区）

中弱有所扶、市政管理、公共安全、幼有所育、学有所教 5 项指标满意度水平较高，文体服务、老有所养、住有所居、病有所医、劳有所得 5 项指标满意度水平相对较高，总体优势明显。从满意度得分来看，所有指标得分超过 65 分，其中弱有所扶、市政管理指标得分均超过 80 分，幼有所育、学有所教、病有所医、文体服务、公共安全 5 项指标得分均接近 80 分，但劳有所得指标得分低于 70 分。整体来看，湘阴县在湖南 122 个县（市、区）中基本公共服务满意度总体水平较高，但部分指标满意度均衡性有待改善，特别是劳有所得、住有所居、老有所养等方面满意度有待提升（见表 33、图 25）。

表 33　湘阴县基本公共服务各指标满意度及总体满意度得分

单位：分

湘阴县	幼有所育	学有所教	劳有所得	病有所医	老有所养	住有所居	弱有所扶	文体服务	公共安全	市政管理	总体满意度
得分	79.55	77.51	66.82	76.87	73.14	70.33	83.02	76.17	78.57	81.92	76.26

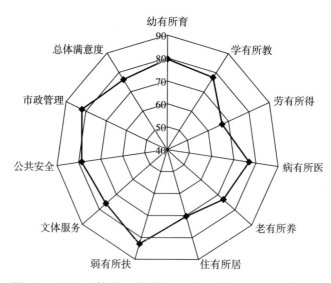

图 25　湘阴县基本公共服务各指标满意度得分雷达图

14. 武陵区

2024 年武陵区在县域基本公共服务满意度调查中得分为 74.26 分，在全省 122 个县（市、区）中总分水平相对较高。从基本公共服务 10 个单项指标满意度来看，武陵区在全省 122 个县（市、区）中弱有所扶、市政管理、公共安全 3 项指标满意度水平较高，住有所居、幼有所育、劳有所得、病有所医、学有所教、老有所养、文体服务 7 项指标满意度水平相对较高。从满意度得分来看，所有指标得分超过 67 分，其中弱有所扶、市政管理 2 项指标得分均超过 80 分，幼有所育、公共安全 2 项指标得分均接近 80 分，劳有所得、老有所养、文体服务 3 项指标得分相对较低，提升空间较大。整体来看，武陵区在湖南 122 个县（市、区）中基本公共服务满意度总体水平相对较高，但部分指标满意度均衡性有待改善，特别是文体服务、老有所养、劳有所得等方面满意度需进一步提升（见表 34、图 26）。

表 34 武陵区基本公共服务各指标满意度及总体满意度得分

单位：分

武陵区	幼有所育	学有所教	劳有所得	病有所医	老有所养	住有所居	弱有所扶	文体服务	公共安全	市政管理	总体满意度
得分	77.13	71.33	69.06	75.76	67.64	73.85	81.24	69.37	77.28	81.36	74.26

15. 桂阳县

2024 年桂阳县在县域基本公共服务满意度调查中得分为 63.34 分，在全省 122 个县（市、区）中总分水平相对较低。从基本公共服务 10 个单项指标满意度来看，桂阳县在全省 122 个县（市、区）中弱有所扶、文体服务、学有所教、幼有所育、市政管理、公共安全 6 项指标满意度水平相对较低，病有所医、劳有所得、住有所居、老有所养 4 项指标满意度水平较低，需重点关注和提升。从满意度得分

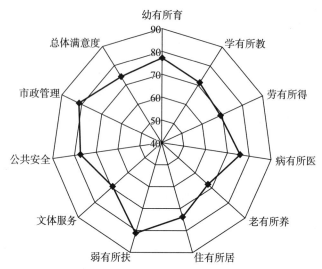

图 26　武陵区基本公共服务各指标满意度得分雷达图

来看，幼有所育、弱有所扶、公共安全、市政管理 4 项指标得分均接近 70 分，学有所教、病有所医、文体服务 3 项指标得分均高于 65 分，劳有所得、老有所养、住有所居 3 项指标得分均低于 60 分，分数较低，需重点关注。整体来看，桂阳县在湖南 122 个县（市、区）中基本公共服务满意度总体水平相对较低，且部分指标满意度均衡性有待改善，特别是劳有所得、老有所养、住有所居等方面满意度需着力提升（见表 35、图 27）。

表 35　桂阳县基本公共服务各指标满意度及总体满意度得分

单位：分

桂阳县	幼有所育	学有所教	劳有所得	病有所医	老有所养	住有所居	弱有所扶	文体服务	公共安全	市政管理	总体满意度
得分	68.71	65.16	55.56	65.34	56.00	55.86	69.52	65.34	66.66	67.34	63.34

16. 冷水滩区

2024 年冷水滩区在县域基本公共服务满意度调查中得分为

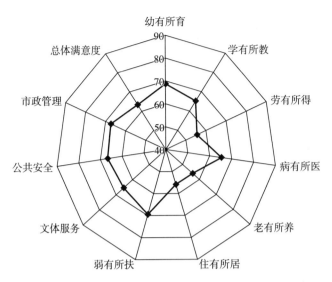

图 27　桂阳县基本公共服务各指标满意度得分雷达图

64.97 分，在全省 122 个县（市、区）中总分水平相对较低。从基本公共服务 10 个单项指标满意度来看，冷水滩区在全省 122 个县（市、区）中住有所居指标满意度水平相对较高，文体服务、学有所教 2 项指标满意度水平居中，老有所养、幼有所育、公共安全、弱有所扶、劳有所得、病有所医、市政管理 7 项指标满意度水平相对较低，需重点关注和加强。从满意度得分来看，全部指标除劳有所得外，得分均超过 60 分。学有所教、住有所居、公共安全、市政管理、病有所医 5 项指标得分均超过 65 分，幼有所育、弱有所扶、文体服务 3 项指标得分均接近 70 分，劳有所得、老有所养指标得分相对较低。整体来看，冷水滩区在湖南 122 个县（市、区）中基本公共服务满意度总体水平相对较低，且部分指标满意度均衡性有待改善，特别是劳有所得、老有所养等方面满意度需进一步提升（见表 36、图 28）。

表36　冷水滩区基本公共服务各指标满意度及总体满意度得分

单位：分

冷水滩区	幼有所育	学有所教	劳有所得	病有所医	老有所养	住有所居	弱有所扶	文体服务	公共安全	市政管理	总体满意度
得分	67.28	66.44	57.94	65.72	61.38	66.99	67.05	67.01	66.32	65.41	64.97

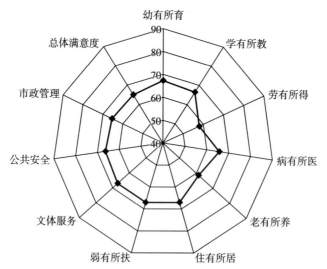

图28　冷水滩区基本公共服务各指标满意度得分雷达图

17. 通道县

2024年通道县在县域基本公共服务满意度调查中得分为69.48分，在全省122个县（市、区）中总分水平相对较高。从基本公共服务10个单项指标满意度来看，通道县在全省122个县（市、区）中住有所居、病有所医、公共安全、学有所教、老有所养、弱有所扶6项指标满意度水平相对较高，市政管理、劳有所得2项指标满意度水平居中，文体服务、幼有所育2项指标满意度水平相对较低，需重点关注。从满意度得分来看，所有指标得分高于60分，病有所医、弱有所扶、公共安全、市政管理4项指标得分均高于70分，幼有所育、学有所教、老有所养、住有所居4项指标得分均接近70分。整体来看，通道县在湖南 122 个县（市、区）中基本公共服务满意度总体水平相对较高，但部分指标满意度均衡性仍有待改善，特别是学有所教、劳有所得、老有所养、住有所居、文体服务等方面满意度有待提升（见表 37、图 29）。

表 37 通道县基本公共服务各指标满意度及总体满意度得分

单位：分

通道县	幼有所育	学有所教	劳有所得	病有所医	老有所养	住有所居	弱有所扶	文体服务	公共安全	市政管理	总体满意度
得分	68.25	69.45	63.74	75.71	66.99	69.32	73.52	64.67	71.12	72.01	69.48

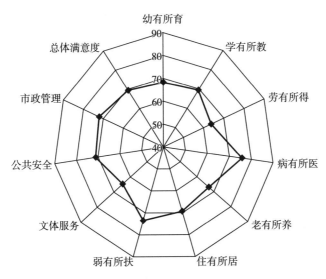

图 29 通道县基本公共服务各指标满意度得分雷达图

18. 吉首市

2024 年吉首市在县域基本公共服务满意度调查中得分为 70.23 分，在全省 122 个县（市、区）中总分水平相对较高。从基本公共服务 10 个单项指标满意度来看，吉首市在全省 122 个县（市、区）中学有所教、老有所养、文体服务、幼有所育、弱有所扶、住有所居、劳有所得7项指标满意度水平相对较高，病有所医、市政管理、公共安全3项指标满意度水平居中。从满意度得分来看，所有指标得分高于65分，除劳有所得、老有所养、住有所居、公共安全4项指标外，其余指标得分均高于70分。整体来看，吉首市在湖南122个县（市、区）中基本公共服务满意度总体水平相对较高，但部分指标满意度均衡性尚有待改善，特别是劳有所得、住有所居、老有所养、公共安全等指标仍有提升的空间（见表38、图30）。

表38　吉首市基本公共服务各指标满意度及总体满意度得分

单位：分

吉首市	幼有所育	学有所教	劳有所得	病有所医	老有所养	住有所居	弱有所扶	文体服务	公共安全	市政管理	总体满意度
得分	73.15	71.37	65.26	71.75	69.47	65.98	74.51	71.76	69.41	71.12	70.23

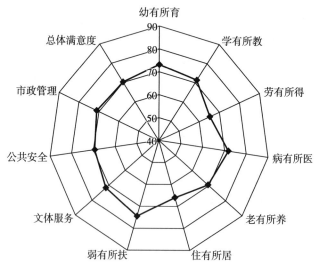

图30　吉首市基本公共服务各指标满意度得分雷达图

19. 泸溪县

2024年泸溪县在县域基本公共服务满意度调查中得分为63.28分，

在全省 122 个县（市、区）中总分水平相对较低。从基本公共服务 10 个单项指标满意度来看，泸溪县在全省 122 个县（市、区）中劳有所得指标满意度水平相对较高，老有所养指标满意度水平居中，住有所居、文体服务、学有所教、病有所医 4 项指标满意度水平相对较低，幼有所育、市政管理、弱有所扶、公共安全 4 项指标满意度水平较低，亟须重点关注和加强。从满意度得分来看，除住有所居外，其余指标得分均超过 60分。劳有所得、病有所医 2 项指标得分均高于 65 分，学有所教、老有所养、弱有所扶、文体服务、公共安全 5 项指标得分相对较低。整体来看，泸溪县在湖南 122 个县（市、区）中基本公共服务满意度总体水平相对较低，且部分指标满意度均衡性有待提高，特别是学有所教、老有所养、住有所居、公共安全等方面满意度需着力提升（见表 39、图 31）。

表 39　泸溪县基本公共服务各指标满意度及总体满意度得分

单位：分

泸溪县	幼有所育	学有所教	劳有所得	病有所医	老有所养	住有所居	弱有所扶	文体服务	公共安全	市政管理	总体满意度
得分	64.36	61.52	66.54	65.54	63.72	59.63	63.37	63.10	60.58	64.03	63.28

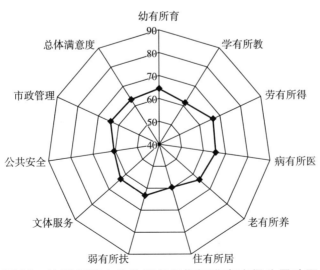

图 31　泸溪县基本公共服务各指标满意度得分雷达图

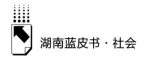

20.花垣县

2024年花垣县在县域基本公共服务满意度调查中得分为65.10分，在全省122个县（市、区）中总分水平相对较低。从基本公共服务10个单项指标满意度来看，花垣县在全省122个县（市、区）中病有所医指标满意度水平居中，住有所居、劳有所得、文体服务、市政管理、学有所教、幼有所育、老有所养7项指标满意度水平相对较低，弱有所扶、公共安全2项指标满意度水平较低，亟须重点关注和加强。从满意度得分来看，全部指标得分超过60分。病有所医指标得分高于70分。幼有所育、文体服务、市政管理3项指标得分均接近70分，劳有所得、老有所养、住有所居、公共安全4项指标得分相对较低，需重点关注。整体来看，花垣县在湖南122个县（市、区）中基本公共服务满意度总体水平相对较低，且部分指标满意度均衡性有待改善，特别是劳有所得、老有所养、住有所居、公共安全等方面满意度需重点关注并着力提升（见表40、图32）。

表40　花垣县基本公共服务各指标满意度及总体满意度得分

单位：分

花垣县	幼有所育	学有所教	劳有所得	病有所医	老有所养	住有所居	弱有所扶	文体服务	公共安全	市政管理	总体满意度
得分	67.99	64.90	61.99	71.18	60.68	61.78	64.38	66.08	63.90	69.22	65.10

21.古丈县

2024年古丈县在县域基本公共服务满意度调查中得分为60.09分，在全省122个县（市、区）中总分水平较低。从基本公共服务10个单项指标满意度来看，古丈县在全省122个县（市、区）中劳有所得指标满意度水平居中，老有所养指标满意度水平相对较低，学有所教、幼有所育、病有所医、住有所居、文体服务、弱有所扶、市

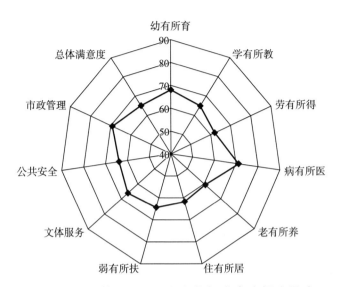

图 32 花垣县基本公共服务各指标满意度得分雷达图

政管理、公共安全 8 项指标满意度水平较低，亟须重点关注并着力加强。从满意度得分来看，幼有所育、学有所教、劳有所得、病有所医、老有所养、市政管理 6 项指标得分均高于 60 分，弱有所扶、文体服务、公共安全 3 项指标得分均接近 60 分，住有所居得分偏低，需着力提升。整体来看，古丈县在湖南 122 个县（市、区）中基本公共服务满意度总体水平较低，且部分指标满意度均衡性有待改善，全部指标特别是住有所居、公共安全等方面仍需着力提升（见表 41、图 33）。

表 41 古丈县基本公共服务各指标满意度及总体满意度得分

单位：分

古丈县	幼有所育	学有所教	劳有所得	病有所医	老有所养	住有所居	弱有所扶	文体服务	公共安全	市政管理	总体满意度
得分	62.97	60.49	62.05	63.45	61.42	54.09	59.71	57.62	57.40	60.52	60.09

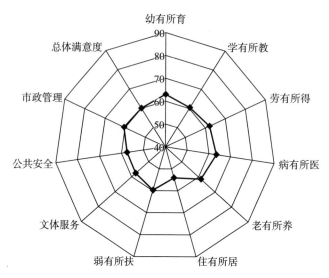

图33　古丈县基本公共服务各指标满意度得分雷达图

22.永顺县

2024年永顺县在县域基本公共服务满意度调查中得分为59.69分，在全省122个县（市、区）中总分水平较低。从基本公共服务10个单项指标满意度来看，永顺县在全省122个县（市、区）中文体服务、老有所养、住有所居、学有所教、劳有所得5项指标满意度水平相对较低，病有所医、弱有所扶、市政管理、幼有所育、公共安全5项指标满意度水平较低，需高度重视并着力加强。从满意度得分来看，学有所教、病有所医、老有所养、弱有所扶、文体服务、市政管理6项指标得分均高于60分，劳有所得、住有所居2项指标得分均接近60分，幼有所育、公共安全2项指标得分均低于60分。整体来看，永顺县在湖南122个县（市、区）中基本公共服务满意度总体水平较低，且部分指标满意度均衡性有待改善，全部指标特别是公共安全、幼有所育等方面满意度仍需着力提升（见表42、图34）。

表 42　永顺县基本公共服务各指标满意度及总体满意度得分

单位：分

永顺县	幼有所育	学有所教	劳有所得	病有所医	老有所养	住有所居	弱有所扶	文体服务	公共安全	市政管理	总体满意度
得分	55.43	61.97	58.27	62.78	60.65	58.31	60.87	63.44	54.73	60.64	59.69

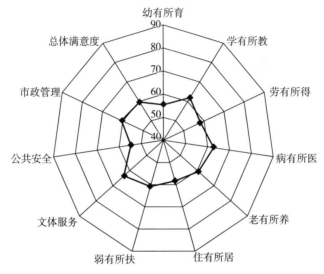

图 34　永顺县基本公共服务各指标满意度得分雷达图

（二）全部指标满意度得分差异度较大的县域评价

1. 衡阳县

2024 年衡阳县在县域基本公共服务满意度调查中得分为 67.16 分，在全省 122 个县（市、区）中总分水平居中。从基本公共服务 10 个单项指标满意度来看，衡阳县在全省 122 个县（市、区）中病有所医、弱有所扶、市政管理、公共安全、幼有所育 5 项指标满意度水平相对较高，学有所教、文体服务 2 项指标满意度水平居中，劳有所得、老有所养、住有所居 3 项指标满意度水平较低，需要重点关注。从满意度得分来看，全部指标得分超过 50 分，幼有所育、病有所医、弱有所扶、公共安全、市政管理 5 项指标得分均高于 70 分，其中病有所医、弱有所扶、市政管理 3 项指标得分均接近 80 分，住有所居、劳有所得 2 项指标得分相对较低。整体来看，衡阳县在湖南 122 个县（市、区）中基本公共服务满意度总体水平居中，各项指标满意度均衡性亟待改善，特别是劳有所得、老有所养、住有所居、文体服务等方面满意度需着力提升（见表 43、图 35）。

表 43　衡阳县基本公共服务各指标满意度及总体满意度得分

单位：分

衡阳县	幼有所育	学有所教	劳有所得	病有所医	老有所养	住有所居	弱有所扶	文体服务	公共安全	市政管理	总体满意度
得分	73.55	68.72	52.92	78.33	53.90	51.95	77.72	67.10	72.63	77.59	67.16

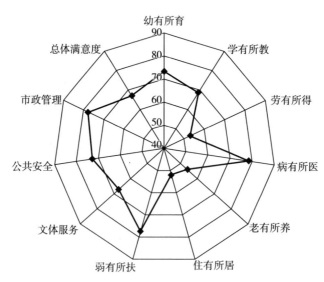

图 35　衡阳县基本公共服务各指标满意度得分雷达图

2. 衡南县

2024年衡南县在县域基本公共服务满意度调查中得分为70.75分，在全省122个县（市、区）中总分水平相对较高。从基本公共服务10个单项指标满意度来看，衡南县在全省122个县（市、区）中弱有所扶指标满意度水平较高，幼有所育、病有所医、市政管理、公共安全4项指标满意度水平相对较高，文体服务、学有所教2项指标满意度水平居中，住有所居、劳有所得、老有所养3项指标满意度水平相对较低，需要重点关注。从满意度得分来看，所有指标得分高于60分，其中弱有所扶指标得分高于80分，幼有所育、病有所医、市政管理3项指标得分接近80分，但劳有所得、老有所养、住有所居3项指标得分相对较低。整体来看，衡南县在湖南122个县（市、区）中基本公共服务满意度水平总体相对较高，但满意度最高和最低的指标在得分排名上相差较大，各项指标满意度均衡性需进一步改善，特别是学有所教、劳有所得、老有所养、住有所居、文体服务等方面满意度需进一步提升（见表44、图36）。

表44　衡南县基本公共服务各指标满意度及总体满意度得分

单位：分

衡南县	幼有所育	学有所教	劳有所得	病有所医	老有所养	住有所居	弱有所扶	文体服务	公共安全	市政管理	总体满意度
得分	79.04	68.72	60.20	78.82	60.58	61.39	80.96	68.89	74.13	77.66	70.75

3. 衡东县

2024年衡东县在县域基本公共服务满意度调查中得分为76.56分，在全省122个县（市、区）中总分水平相对较高。从基本公共服务10个单项指标满意度来看，衡东县在全省122个县（市、区）中病有所医、弱有所扶、市政管理、幼有所育4项指标满意度水平较高，学有所教、劳有所得、住有所居、文体服务、公共安全、老

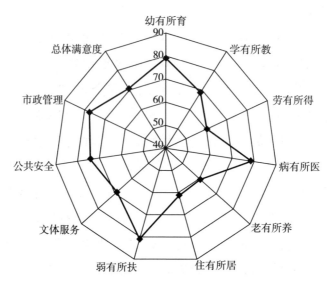

图 36　衡南县基本公共服务各指标满意度得分雷达图

有所养 6 项指标满意度水平相对较高。从满意度得分来看，所有指标得分超过 65 分，其中幼有所育、病有所医、弱有所扶、市政管理 4 项指标得分均超过 80 分，学有所教、劳有所得、文体服务、公共安全 4 项指标得分均超过 70 分，仅老有所养、住有所居 2 项指标得分低于 70 分。整体来看，衡东县在湖南 122 个县（市、区）中基本公共服务满意度总体水平较高，但各项指标满意度均衡性有待改善，特别是住有所居、老有所养等方面满意度需进一步提升（见表45、图 37）。

表 45　衡东县基本公共服务各指标满意度及总体满意度得分

单位：分

衡东县	幼有所育	学有所教	劳有所得	病有所医	老有所养	住有所居	弱有所扶	文体服务	公共安全	市政管理	总体满意度
得分	81.55	76.01	72.04	85.97	67.17	68.54	83.48	74.28	74.93	83.19	76.56

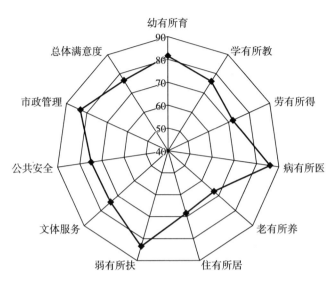

图37　衡东县基本公共服务各指标满意度得分雷达图

4. 常宁市

2024年常宁市在县域基本公共服务满意度调查中得分为63.51分，在全省122个县（市、区）中总分水平相对较低。从基本公共服务10个单项指标满意度来看，常宁市在全省122个县（市、区）中公共安全、弱有所扶、病有所医、市政管理4项指标满意度水平较高，优势突出，幼有所育指标满意度水平相对较高，但文体服务、住有所居、老有所养、劳有所得、学有所教5项指标满意度水平较低，亟须分析原因和重点提升。从满意度得分来看，病有所医、弱有所扶、市政管理3项指标得分均超过80分，幼有所育、公共安全2项指标得分均接近80分，除文体服务以外其余4项指标得分均低于50分，分值很低。整体来看，常宁市在湖南122个县（市、区）中基本公共服务满意度总体水平相对较低，且全部指标满意度排名呈现两极分化特征，各项指标满意度均衡性亟待改善，特别是学有所教、劳有所得、老有所养、住有所居、文体服务等方面满意度需大力提升（见表46、图38）。

表 46　常宁市基本公共服务各指标满意度及总体满意度得分

单位：分

常宁市	幼有所育	学有所教	劳有所得	病有所医	老有所养	住有所居	弱有所扶	文体服务	公共安全	市政管理	总体满意度
得分	77.94	48.37	41.17	80.62	46.09	47.44	82.18	56.37	78.93	80.86	63.51

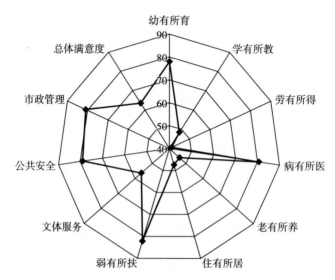

图 38　常宁市基本公共服务各指标满意度得分雷达图

5. 绥宁县

2024 年绥宁县在县域基本公共服务满意度调查中得分为 67.36 分，在全省 122 个县（市、区）中总分水平居中。从基本公共服务 10 个单项指标满意度来看，绥宁县在全省 122 个县（市、区）中公共安全、病有所医、幼有所育、市政管理、弱有所扶 5 项指标满意度水平相对较高，住有所居、文体服务、老有所养、学有所教 4 项指标满意度水平居中，劳有所得指标满意度水平较低，需要重点关注和加强。从满意度得分来看，除劳有所得以外，其余指标得分均超过 60 分，其中幼有所育、病有所医、弱有所扶、公共安全、市政管理 5 项指标得分均高于 70 分，文体服务指标得分超过 65 分，劳有所得、老有所养、住有所居 3 项指标得分相对较低。整体来看，绥宁县在湖南 122 个县（市、区）中基本公共服务满意度总体水平居中，各项指标满意度均衡性需进一步改善，特别是劳有所得等方面满意度需着力提升（见表 47、图 39）。

表 47　绥宁县基本公共服务各指标满意度及总体满意度得分

单位：分

绥宁县	幼有所育	学有所教	劳有所得	病有所医	老有所养	住有所居	弱有所扶	文体服务	公共安全	市政管理	总体满意度
得分	73.41	62.27	54.98	75.65	61.26	61.63	73.68	65.30	74.83	72.64	67.36

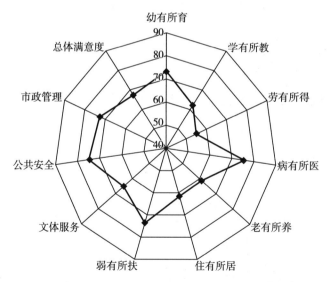

图 39　绥宁县基本公共服务各指标满意度得分雷达图

6. 鼎城区

2024 年鼎城区在县域基本公共服务满意度调查中得分为 73.86 分，在全省 122 个县（市、区）中总分水平相对较高。从基本公共服务 10 个单项指标满意度来看，鼎城区在全省 122 个县（市、区）中病有所医指标满意度水平较高，市政管理、公共安全、弱有所扶、幼有所育、学有所教、劳有所得、老有所养、住有所居、文体服务 9 项指标满意度水平相对较高。从满意度得分来看，所有指标得分超过 65 分，其中幼有所育、病有所医、弱有所扶、公共安全、市政管理 5 项指标得分均接近 80 分，劳有所得、老有所养、住有所居 3 项指标得分相对较低。整体来看，鼎城区在湖南 122 个县（市、区）中基本公共服务满意度总体水平相对较高，但各项指标满意度均衡性有待改善，特别是劳有所得、住有所居、老有所养等方面满意度需进一步提升（见表 48、图 40）。

表 48　鼎城区基本公共服务各指标满意度及总体满意度得分

单位：分

鼎城区	幼有所育	学有所教	劳有所得	病有所医	老有所养	住有所居	弱有所扶	文体服务	公共安全	市政管理	总体满意度
得分	76.91	71.65	68.16	79.90	69.56	66.53	79.13	70.14	77.13	79.98	73.86

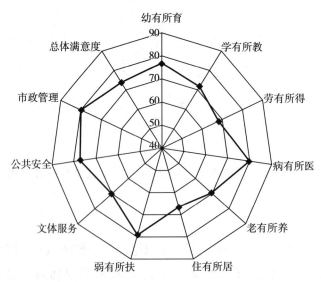

图 40　鼎城区基本公共服务各指标满意度得分雷达图

7. 安乡县

2024年安乡县在县域基本公共服务满意度调查中得分为73.78分，在全省122个县（市、区）中总分水平相对较高。从基本公共服务10个单项指标满意度来看，安乡县在全省122个县（市、区）中病有所医、市政管理、幼有所育、弱有所扶4项指标满意度水平较高，公共安全、老有所养、住有所居、学有所教、文体服务5项指标满意度水平相对较高，劳有所得指标满意度水平居中。从满意度得分来看，所有指标得分超过60分，其中病有所医、弱有所扶、市政管理3项指标得分均超过80分，幼有所育、公共安全2项指标得分均接近80分，劳有所得、老有所养、住有所居、文体服务4项指标得分相对较低。整体来看，安乡县基本公共服务满意度在湖南122个县（市、区）中总体水平相对较高，但各指标满意度均衡性有待改善，特别是劳有所得、文体服务、住有所居、老有所养等方面满意度需进一步提升（见表49、图41）。

表49　安乡县基本公共服务各指标满意度及总体满意度得分

单位：分

安乡县	幼有所育	学有所教	劳有所得	病有所医	老有所养	住有所居	弱有所扶	文体服务	公共安全	市政管理	总体满意度
得分	79.90	70.11	62.64	81.11	69.16	66.69	80.95	69.62	77.18	81.74	73.78

8. 临澧县

2024年临澧县在县域基本公共服务满意度调查中得分为68.28分，在全省122个县（市、区）中总分水平居中。从基本公共服务10个单项指标满意度来看，临澧县在全省122个县（市、区）中弱有所扶、公共安全、市政管理、病有所医、幼有所育5项指标满意度水平相对较高，劳有所得、老有所养、文体服务、学有所教、住有所居5项指标满意度水平相对较低，需要重点关注。从满意度得分来

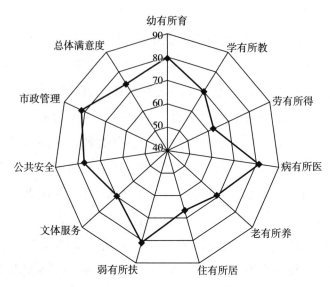

图41 安乡县基本公共服务各指标满意度得分雷达图

看，病有所医、弱有所扶、市政管理、公共安全4项指标得分均超过75分。幼有所育指标得分超过70分，学有所教、老有所养、文体服务3项指标得分均超过60分，劳有所得、住有所居2项指标得分均低于60分。整体来看，临澧县在湖南122个县（市、区）中基本公共服务满意度总体水平居中，各项指标满意度均衡性有待改善，特别是劳有所得、文体服务、学有所教、老有所养、住有所居等方面满意度需着力提升（见表50、图42）。

表50 临澧县基本公共服务各指标满意度及总体满意度得分

单位：分

临澧县	幼有所育	学有所教	劳有所得	病有所医	老有所养	住有所居	弱有所扶	文体服务	公共安全	市政管理	总体满意度
得分	74.41	61.21	59.91	76.32	61.87	57.22	77.96	63.35	75.18	76.62	68.28

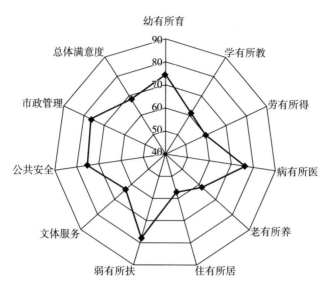

图42 临澧县基本公共服务各指标满意度得分雷达图

9.桃源县

2024年桃源县在县域基本公共服务满意度调查中得分为72.46分，在全省122个县（市、区）中总分水平相对较高。从基本公共服务10个单项指标满意度来看，桃源县在全省122个县（市、区）中病有所医、公共安全、市政管理3项指标满意度水平较高，弱有所扶、幼有所育、文体服务、学有所教4项指标满意度水平相对较高，老有所养、住有所居2项指标满意度水平居中，劳有所得指标满意度水平相对较低，需要重点关注。从满意度得分来看，所有指标得分高于60分，其中病有所医、市政管理2项指标得分均超过80分，幼有所育、弱有所扶、公共安全3项指标得分均接近80分，劳有所得、老有所养、住有所居3项指标得分相对较低。整体来看，桃源县在湖南122个县（市、区）中基本公共服务满意度总体水平相对较高，但各项指标满意度均衡性有待改善，特别是劳有所得、老有所养、住有所居等方面满意度需进一步提升（见表51、图43）。

表51 桃源县基本公共服务各指标满意度及总体满意度得分

单位：分

桃源县	幼有所育	学有所教	劳有所得	病有所医	老有所养	住有所居	弱有所扶	文体服务	公共安全	市政管理	总体满意度
得分	77.73	70.31	60.50	82.12	64.91	62.94	79.02	71.19	77.51	80.27	72.46

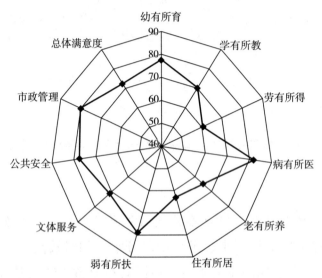

图43 桃源县基本公共服务各指标满意度得分雷达图

10. 石门县

2024年石门县在县域基本公共服务满意度调查中得分为66.36分，在全省122个县（市、区）中总分水平相对较低。从基本公共服务10个单项指标满意度来看，石门县在全省122个县（市、区）中幼有所育、病有所医、弱有所扶3项指标满意度水平相对较高，公共安全、市政管理2项指标满意度水平居中，老有所养、住有所居、文体服务3项指标满意度水平相对较低，劳有所得、学有所教2项指标满意度水平较低，需重点关注和加强。从满意度得分来看，全部指标得分超过55分，其中幼有所育、病有所医、弱有所扶、公共安全、市政管理5

项指标得分均高于 70 分，学有所教、劳有所得 2 项指标得分均低于 60 分，相对较低，需要重点关注。整体来看，石门县在湖南 122 个县（市、区）中基本公共服务满意度总体水平相对较低，且各项指标满意度均衡性有待改善，特别是劳有所得、学有所教、住有所居、文体服务、老有所养等方面满意度需着力提升（见表 52、图 44）。

表 52　石门县基本公共服务各指标满意度及总体满意度得分

单位：分

石门县	幼有所育	学有所教	劳有所得	病有所医	老有所养	住有所居	弱有所扶	文体服务	公共安全	市政管理	总体满意度
得分	73.02	58.69	56.74	73.49	62.80	61.37	74.11	62.74	70.81	71.35	66.36

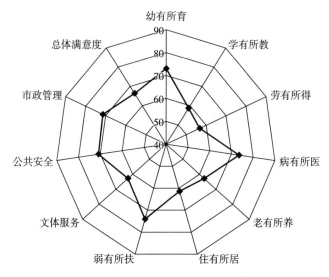

图 44　石门县基本公共服务各指标满意度得分雷达图

11. 武陵源区

2024 年武陵源区在县域基本公共服务满意度调查中得分为 69.83 分，在全省 122 个县（市、区）中总分水平相对较高。从基本公共服务 10 个单项指标满意度来看，武陵源区在全省 122 个县（市、区）中病有所医、弱有所扶、幼有所育、市政管理、公共安全、老有所养6项指标满意度水平相对较高，劳有所得、学有所教、住有所居、文体服务4项指标满意度水平相对较低，需要重点关注。从满意度得分来看，除住有所居和劳有所得外，所有指标得分高于60分，幼有所育、病有所医、弱有所扶、市政管理4项指标得分均接近80分。整体来看，武陵源区在全省122个县（市、区）中基本公共服务满意度总体水平相对较高，但是满意度得分最高和最低的指标在排名和得分上相差较为悬殊，各项指标满意度均衡性有待改善，特别是学有所教、劳有所得、住有所居、文体服务、老有所养等方面满意度需要重点关注和提升（见表53、图45）。

表53　武陵源区基本公共服务各指标满意度及总体满意度得分

单位：分

武陵源区	幼有所育	学有所教	劳有所得	病有所医	老有所养	住有所居	弱有所扶	文体服务	公共安全	市政管理	总体满意度
得分	76.55	64.39	59.92	79.56	67.04	59.07	79.98	62.44	73.15	76.48	69.83

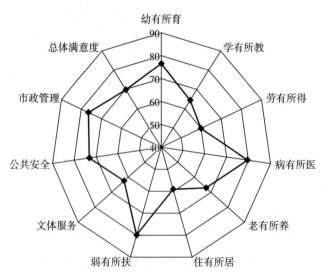

图45　武陵源区基本公共服务各指标满意度得分雷达图

12. 桑植县

2024年桑植县在县域基本公共服务满意度调查中得分为61.77分，在全省122个县（市、区）中总分水平较低。从基本公共服务10个单项指标满意度来看，桑植县在全省122个县（市、区）中弱有所扶、病有所医、幼有所育、市政管理、公共安全5项指标满意度水平相对较低，住有所居、劳有所得、老有所养、学有所教、文体服务5项指标满意度水平较低，需重点关注和加强。从满意度得分来看，弱有所扶指标得分接近70分，幼有所育、病有所医、市政管理3项指标得分均高于65分，公共安全接近65分，学有所教、文体服务、老有所养3项指标得分均接近60分，劳有所得、住有所居2项指标得分相对较低。整体来看，桑植县在湖南122个县（市、区）中基本公共服务满意度总体水平较低，且各项指标满意度均衡性有待改善，特别是文体服务、学有所教、劳有所得、老有所养等方面满意度需着力提升（见表54、图46）。

表54　桑植县基本公共服务各指标满意度及总体满意度得分

单位：分

桑植县	幼有所育	学有所教	劳有所得	病有所医	老有所养	住有所居	弱有所扶	文体服务	公共安全	市政管理	总体满意度
得分	66.63	59.48	54.59	66.19	57.43	56.08	68.21	59.73	64.91	65.63	61.77

13. 衡南县

2024年衡南县在县域基本公共服务满意度调查中得分为70.75分，在全省122个县（市、区）中总分水平相对较高。从基本公共服务10个单项指标满意度来看，衡南县在全省122个县（市、区）中弱有所扶指标满意度水平较高，幼有所育、病有所医、市政管理、公共安全4项指标满意度水平相对较高，文体服务、学有所教2项指标满意度水平居中，住有所居、劳有所得、老有所养3项指标满意度

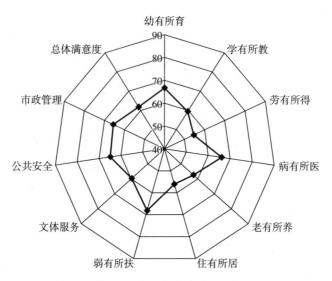

图 46　桑植县基本公共服务各指标满意度得分雷达图

水平相对较低,需要重点关注。从满意度得分来看,所有指标得分高于 60 分,其中弱有所扶指标得分高于 80 分。幼有所育、病有所医、市政管理 3 项指标得分均接近 80 分,但劳有所得、老有所养、住有所居 3 项指标得分相对较低。整体来看,衡南县在湖南 122 个县(市、区)中基本公共服务满意度总体水平相对较高,但满意度最高和最低的指标在得分上相差较大,且各项指标满意度均衡性有待改善,特别是劳有所得、老有所养、住有所居、文体服务等方面满意度仍需着力提升(见表 55、图 47)。

表 55　衡南县基本公共服务各指标满意度及总体满意度得分

单位:分

衡南县	幼有所育	学有所教	劳有所得	病有所医	老有所养	住有所居	弱有所扶	文体服务	公共安全	市政管理	总体满意度
得分	79.04	68.72	60.20	78.82	60.58	61.39	80.96	68.89	74.13	77.66	70.75

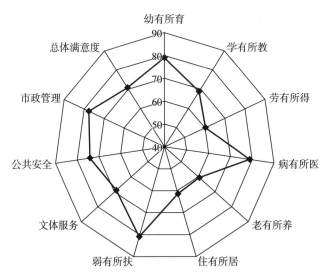

图47　衡南县基本公共服务各指标满意度得分雷达图

14.沅江市

2024年沅江市在县域基本公共服务满意度调查中得分为63.98分，在全省122个县（市、区）中总分水平相对较低。从基本公共服务10个单项指标满意度来看，沅江市在全省122个县（市、区）中病有所医、弱有所扶、市政管理、幼有所育4项指标满意度水平较高，公共安全指标满意度水平相对较高，相比之下，学有所教、文体服务、劳有所得、老有所养、住有所居5项指标满意度水平较低，亟须分析原因并着力改善。从满意度得分来看，病有所医、市政管理、弱有所扶3项指标得分均高于80分，幼有所育、公共安全2项指标得分均接近80分，其余5项指标得分均低于60分，其中3项指标得分低于50分，分值很低。整体来看，沅江市在湖南122个县（市、区）中基本公共服务满意度总体水平相对较低，且各项指标满意度呈现两极分化特征，亟待全面改善和优化提升，特别是学有所教、劳有所得、老有所养、住有所居、文体服务等方面满意度需大力提升（见表56、图48）。

表 56　沅江市基本公共服务各指标满意度及总体满意度得分

单位：分

沅江市	幼有所育	学有所教	劳有所得	病有所医	老有所养	住有所居	弱有所扶	文体服务	公共安全	市政管理	总体满意度
得分	79.15	52.41	43.21	84.72	45.38	45.52	81.14	54.37	77.08	80.78	63.98

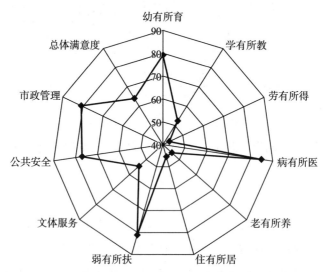

图 48　沅江市基本公共服务各指标满意度得分雷达图

15. 娄星区

2024 年娄星区在县域基本公共服务满意度调查中得分为 69.19 分，在全省 122 个县（市、区）中总分相对较高。从基本公共服务 10 个单项指标满意度来看，娄星区病有所医、弱有所扶、幼有所育、公共安全、市政管理 5 项指标满意度在 122 个县（市、区）中水平相对较高，住有所居指标满意度水平居中，学有所教、文体服务、老有所养、劳有所得 4 项指标满意度水平相对较低，需要重点关注。从满意度得分来看，除劳有所得外，其余指标得分均高于 60 分，其中幼有所育、病有所医、弱有所扶、公共安全、市政管理 5 项指标得分均高于 70 分，病有所医、弱有所扶 2 项指标得分均接近 80 分。整体来看，娄星区在湖南 122 个县（市、区）中基本公共服务满意度总体水平相对较高，但各项指标满意度均衡性有待改善，特别是劳有所得、老有所养、住有所居、文体服务等方面满意度需进一步关注和提升（见表 57、图 49）。

表 57　娄星区基本公共服务各指标满意度及总体满意度得分

单位：分

娄星区	幼有所育	学有所教	劳有所得	病有所医	老有所养	住有所居	弱有所扶	文体服务	公共安全	市政管理	总体满意度
得分	74.08	66.02	58.66	77.49	62.43	63.85	76.55	65.94	72.74	75.94	69.19

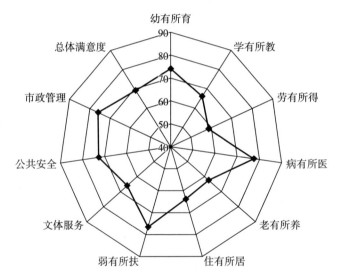

图 49　娄星区基本公共服务各指标满意度得分雷达图

16. 涟源市

2024 年涟源市在县域基本公共服务满意度调查中得分为 66.58 分，在全省 122 个县（市、区）中总分水平相对较低。从基本公共服务 10 个单项指标满意度来看，涟源市在全省 122 个县（市、区）中公共安全指标满意度水平相对较高，弱有所扶、病有所医、幼有所育、市政管理、文体服务、住有所居、老有所养7项指标满意度水平居中，劳有所得、学有所教2项指标满意度水平较低，需重点关注和加强。从满意度得分来看，除学有所教、劳有所得2项指标外，其余指标得分均超过60分，从满意度得分来看，除学有所教、劳有所得2项指标外，其余指标得分均超过60分，其中幼有所育、病有所医、弱有所扶、公共安全、市政管理5项指标得分均高于70分，老有所养、住有所居、文体服务3项指标得分介于60至70分之间。整体来看，涟源市在湖南122个县（市、区）中基本公共服务满意度总体水平相对较低，且各项指标满意度均衡性有待改善，特别是学有所教、劳有所得、老有所养、住有所居、文体服务等方面满意度需着力提升（见表58、图50）。

表58 涟源市基本公共服务各指标满意度及总体满意度得分

单位：分

涟源市	幼有所育	学有所教	劳有所得	病有所医	老有所养	住有所居	弱有所扶	文体服务	公共安全	市政管理	总体满意度
得分	71.72	59.63	55.76	71.79	63.40	62.15	73.35	66.87	71.52	71.69	66.58

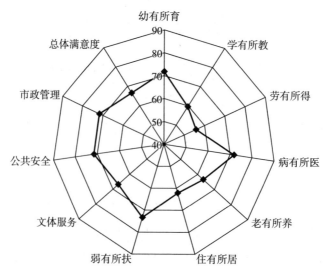

图50 涟源市基本公共服务各指标满意度得分雷达图

17. 宜章县

2024年宜章县在县域基本公共服务满意度调查中得分为64.69分，在全省122个县（市、区）中总分水平相对较低。从基本公共服务10个单项指标满意度来看，宜章县在全省122个县（市、区）中幼有所育、弱有所扶、市政管理3项指标满意度水平居中，公共安全、学有所教、病有所医、文体服务、住有所居、老有所养6项指标满意度水平相对较低，劳有所得指标满意度水平较低，需重点关注。从满意度得分来看，幼有所育、弱有所扶2项指标得分均高于70分，病有所医、公共安全、市政管理3项指标得分均接近70分，劳有所得、老有所养、住有所居3项指标得分均低于60分，相对较低。整体来看，宜章县在全省122个县（市、区）中基本公共服务满意度总体水平相对较低，且各项指标满意度均衡性有待改善，特别是劳有所得、老有所养、住有所居等方面满意度需着力提升（见表59、图51）。

表59 宜章县基本公共服务各指标满意度及总体满意度得分

单位：分

宜章县	幼有所育	学有所教	劳有所得	病有所医	老有所养	住有所居	弱有所扶	文体服务	公共安全	市政管理	总体满意度
得分	70.69	64.73	54.06	68.28	59.60	58.29	70.54	63.84	68.52	69.97	64.69

18. 嘉禾县

2024年嘉禾县在县域基本公共服务满意度调查中得分为59.75分，在全省122个县（市、区）中总分水平较低。从基本公共服务10个单项指标满意度来看，嘉禾县在全省122个县（市、区）中病有所医、住有所居、弱有所扶3项指标满意度水平相对较低，排名相对靠后，市政管理、学有所教、公共安全、幼有所育、老有所养、劳有所得、文体服务7

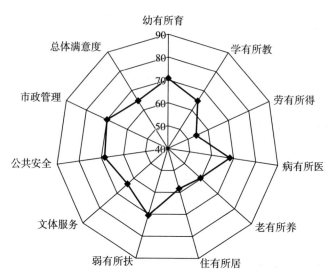

图51　宜章县基本公共服务各指标满意度得分雷达图

项指标满意度水平较低，亟须重点关注和加强。从满意度得分来看，病有所医、弱有所扶2项指标得分均高于65分，幼有所育、学有所教、公共安全、市政管理4项指标得分均高于60分，住有所居、劳有所得、老有所养、文体服务4项指标得分偏低。整体来看，嘉禾县在湖南122个县（市、区）中基本公共服务满意度总体水平较低，且各项指标满意度均衡性有待改善，全部指标，特别是文体服务、劳有所得、老有所养、住有所居等方面满意度需重点关注并着力提升（见表60、图52）。

表60　嘉禾县基本公共服务各指标满意度及总体满意度得分

单位：分

嘉禾县	幼有所育	学有所教	劳有所得	病有所医	老有所养	住有所居	弱有所扶	文体服务	公共安全	市政管理	总体满意度
得分	62.72	60.44	50.23	65.82	54.61	57.53	65.57	53.85	62.84	64.62	59.75

19. 临武县

2024年临武县在县域基本公共服务满意度调查中得分为64.14

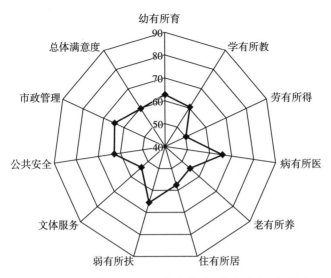

图52　嘉禾县基本公共服务各指标满意度得分雷达图

分，在全省122个县（市、区）中总分水平相对较低。从基本公
共服务10个单项指标满意度来看，临武县在全省122个县（市、
区）中公共安全指标满意度水平相对较高，幼有所育、学有所教、
弱有所扶、病有所医4项指标满意度水平居中，市政管理、文体服
务2项指标满意度水平相对较低，住有所居、老有所养、劳有所得
3项指标满意度水平较低，需重点关注和加强。从满意度得分来
看，幼有所育、病有所医、弱有所扶、公共安全4项指标得分均高
于70分，学有所教、市政管理2项指标得分均接近70分，劳有所
得、老有所养、住有所居3项指标得分均低于60分，需重点关注。
整体来看，临武县在湖南122个县（市、区）中基本公共服务满
意度总体水平相对较低，且各项指标满意度均衡性有待改善，特别
是劳有所得、老有所养、住有所居等方面满意度需着力提升（见
表61、图53）。

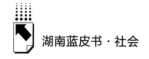
表 61　临武县基本公共服务各指标满意度及总体满意度得分

单位：分

临武县	幼有所育	学有所教	劳有所得	病有所医	老有所养	住有所居	弱有所扶	文体服务	公共安全	市政管理	总体满意度
得分	70.80	67.48	49.87	70.00	54.76	54.16	71.33	65.12	71.17	69.24	64.14

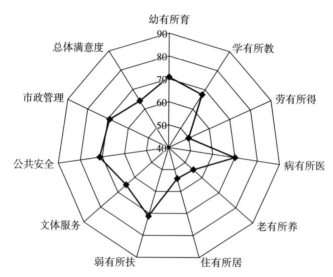

图 53　临武县基本公共服务各指标满意度得分雷达图

20.汝城县

2024 年汝城县在县域基本公共服务满意度调查中得分为 68.44 分，在全省 122 个县（市、区）中总分水平居中。从基本公共服务 10 个单项指标满意度来看，汝城县市政管理、幼有所育、弱有所扶、病有所医、公共安全 5 项指标满意度在全省 122 个县（市、区）中水平相对较高，文体服务指标满意度水平居中，学有所教、住有所居、劳有所得 3 项指标满意度水平相对较低，老有所养指标满意度水平较低，需重点关注和提升。从满意度得分来看，幼有所育、弱有所扶、市政管理 3 项指标得分均接近 80 分，表现较好。劳有所得、老有所养、住有所居3项指标得分均低于60分，需重点关注并着力提升。整体来看，汝城县在湖南122个县（市、区）中基本公共服务满意度总体水平居中，满意度最高和最低的指标在得分排名上相差悬殊，各项指标满意度均衡性有待改善，特别是劳有所得、老有所养、住有所居等方面满意度需进一步提升（见表62、图54）。

表62 汝城县基本公共服务各指标满意度及总体满意度得分

单位：分

汝城县	幼有所育	学有所教	劳有所得	病有所医	老有所养	住有所居	弱有所扶	文体服务	公共安全	市政管理	总体满意度
得分	77.72	64.71	57.40	74.56	58.01	59.34	77.55	66.86	71.39	79.83	68.44

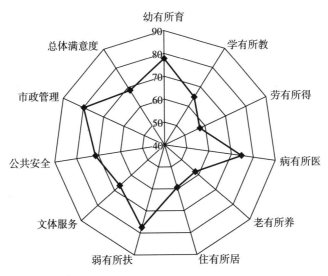

图54 汝城县基本公共服务各指标满意度得分雷达图

21. 安仁县

2024年安仁县在县域基本公共服务满意度调查中得分为61.41分，在全省122个县（市、区）中总分水平较低。从基本公共服务10个单项指标满意度来看，安仁县在全省122个县（市、区）中弱有所扶、文体服务、幼有所育、学有所教4项指标满意度水平相对较低，老有所养、病有所医、住有所居、公共安全、市政管理、劳有所得6项指标满意度水平较低，亟须重点关注和加强。从满意度得分来看，幼有所育、弱有所扶2项指标得分均接近70分，学有所教、病有所医、文体服务、公共安全、市政管理5项指标得分均高于60分。老有所养、住有所居2项指标得分均低于60分，劳有所得指标得分低于50分。整体来看，安仁县在湖南122个县（市、区）中基本公共服务满意度总体水平较低，且各项指标满意度均衡性有待改善，特别是劳有所得、老有所养、住有所居等方面满意度需着力提升（见表63、图55）。

表63　安仁县基本公共服务各指标满意度及总体满意度得分

单位：分

安仁县	幼有所育	学有所教	劳有所得	病有所医	老有所养	住有所居	弱有所扶	文体服务	公共安全	市政管理	总体满意度
得分	67.19	60.73	49.52	64.66	58.57	56.18	69.01	63.21	63.34	63.75	61.41

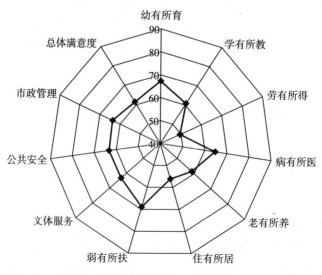

图55　安仁县基本公共服务各指标满意度得分雷达图

22. 资兴市

2024年资兴市在县域基本公共服务满意度调查中得分为62.11分，在全省122个县（市、区）中总分水平相对较低。从基本公共服务10个单项指标满意度来看，资兴市在全省122个县（市、区）中市政管理指标满意度水平相对较高，弱有所扶、幼有所育、病有所医、公共安全4项指标满意度水平居中，学有所教、文体服务、老有所养、劳有所得、住有所居5项指标满意度水平较低，亟须重点关注和加强。从满意度得分来看，幼有所育、弱有所扶、市政管理3项指标得分均高于70分。病有所医、公共安全2项指标得分均接近70分，老有所养指标得分低于60分，劳有所得、住有所居2项指标得分均低于50分。整体来看，资兴市在湖南122个县（市、区）中基本公共服务满意度总体水平相对较低，全部指标排名呈现两极分化特征，各项指标满意度均衡性亟待提升，特别是劳有所得、老有所养、住有所居等方面满意度需着力提升（见表64、图56）。

表64　资兴市基本公共服务各指标满意度及总体满意度得分

单位：分

资兴市	幼有所育	学有所教	劳有所得	病有所医	老有所养	住有所居	弱有所扶	文体服务	公共安全	市政管理	总体满意度
得分	70.13	60.70	47.10	69.46	53.07	47.43	73.24	61.07	68.74	72.59	62.11

23. 中方县

2024年中方县在县域基本公共服务满意度调查中得分为69.06分，在全省122个县（市、区）中总分水平相对较高。从基本公共服务10个单项指标满意度来看，中方县在全省122个县（市、区）中病有所医、住有所居、市政管理、弱有所扶、幼有所育5项指标满

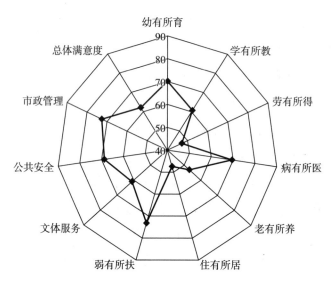

图56 资兴市基本公共服务各指标满意度得分雷达图

意度水平相对较高，劳有所得、公共安全、老有所养3项指标满意度水平居中，文体服务、学有所教2项指标满意度水平相对较低，需要重点关注。从满意度得分来看，所有指标得分高于60分，其中幼有所育、病有所医、弱有所扶、公共安全、市政管理5项指标得分均高于70分。整体来看，中方县在湖南122个县（市、区）中基本公共服务满意度总体水平相对较高，但各项指标满意度均衡性有待改善，特别是学有所教、劳有所得、老有所养、住有所居、文体服务等方面满意度需重点关注和进一步提升（见表65、图57）。

表65 中方县基本公共服务各指标满意度及总体满意度得分

单位：分

中方县	幼有所育	学有所教	劳有所得	病有所医	老有所养	住有所居	弱有所扶	文体服务	公共安全	市政管理	总体满意度
得分	72.88	63.26	64.57	75.64	64.00	66.37	74.38	64.70	70.70	75.25	69.06

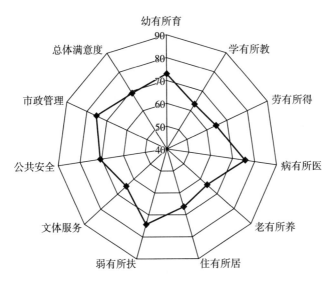

图57 中方县基本公共服务各指标满意度得分雷达图

24. 沅陵县

2024年沅陵县在县域基本公共服务满意度调查中得分为60.05分，在全省122个县（市、区）中总分水平较低。从基本公共服务10个单项指标满意度来看，沅陵县在全省122个县（市、区）中病有所医、市政管理2项指标满意度水平居中，弱有所扶、公共安全、幼有所育3项指标满意度水平相对较低，住有所居、劳有所得、学有所教、老有所养、文体服务5项指标满意度水平较低，亟须重点关注和加强。从满意度得分来看，病有所医指标得分高于70分，幼有所育、弱有所扶、公共安全、市政管理4项指标得分均接近70分，学有所教、老有所养、住有所居、文体服务4项指标得分相对较低，劳有所得得分偏低。整体来看，沅陵县在湖南122个县（市、区）中基本公共服务满意度总体水平较低，全部指标满意度呈现两极分化特征，各项指标满意度均衡性亟待改善，特别是文体服务、老有所养、学有所教、劳有所得、住有所居等方面满意度需着力提升（见表66、图58）。

表66   沅陵县基本公共服务各指标满意度及总体满意度得分

单位：分

沅陵县	幼有所育	学有所教	劳有所得	病有所医	老有所养	住有所居	弱有所扶	文体服务	公共安全	市政管理	总体满意度
得分	67.67	51.48	47.77	70.96	50.18	54.71	69.99	52.80	67.52	69.77	60.05

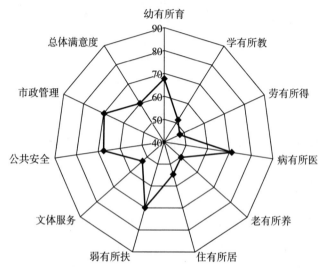

图58   沅陵县基本公共服务各指标满意度得分雷达图

25. 辰溪县

2024年辰溪县在县域基本公共服务满意度调查中得分为64.30分，在全省122个县（市、区）中总分水平相对较低。从基本公共服务10个单项指标满意度来看，辰溪县在全省122个县（市、区）中劳有所得指标满意度水平居中，住有所居、学有所教、病有所医、市政管理、幼有所育、老有所养、弱有所扶、文体服务8项指标满意度水平相对较低，公共安全指标满意度水平较低，需要重点关注。从满意度得分来看，全部指标得分超过60分，其中幼有所育、病有所医、弱有所扶、市政管理4项指标得分均接近70分，劳有所得、老有所养、住有所居、文体服务4项指标得分相对较低，需重点关注和提升。整体来看，辰溪县在湖南 122 个县（市、区）中基本公共服务满意度总体水平相对较低，且各项指标满意度均衡性有待提高，特别是文体服务、老有所养等方面满意度需着力提升（见表67、图59）。

表 67　辰溪县基本公共服务各指标满意度及总体满意度得分

单位：分

辰溪县	幼有所育	学有所教	劳有所得	病有所医	老有所养	住有所居	弱有所扶	文体服务	公共安全	市政管理	总体满意度
得分	67.39	64.17	62.61	67.89	60.51	60.41	67.03	61.73	64.21	67.35	64.30

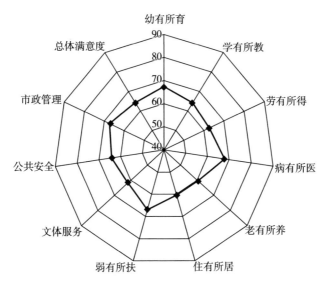

图 59　辰溪县基本公共服务各指标满意度得分雷达图

26. 会同县

2024 年会同县在县域基本公共服务满意度调查中得分为 61.25 分，在全省 122 个县（市、区）中总分水平较低。从基本公共服务 10 个单项指标满意度来看，会同县在全省 122 个县（市、区）中市政管理指标满意度水平相对较高，病有所医、弱有所扶、公共安全 3 项指标满意度水平居中，幼有所育指标满意度水平相对较低，住有所居、劳有所得、老有所养、学有所教、文体服务 5 项指标满意度水平较低，亟须重点关注和加强。从满意度得分来看，病有所医、弱有所扶、市政管理 3 项指标得分均高于 70 分。幼有所育、公共安全 2 项指标得分均接近 70 分。劳有所得、老有所养、住有所居、文体服务 4 项指标得分均低于 60 分。学有所教得分低于 50 分。整体来看，会同县在湖南 122 个县（市、区）中基本公共服务满意度总体水平较低，全部指标满意度呈现两极分化特征，各项指标满意度均衡性亟待改善，特别是学有所教、劳有所得、老有所养、住有所居、文体服务等方面满意度需着力提升（见表 68、图 60）。

表 68　会同县基本公共服务各指标满意度及总体满意度得分

单位：分

会同县	幼有所育	学有所教	劳有所得	病有所医	老有所养	住有所居	弱有所扶	文体服务	公共安全	市政管理	总体满意度
得分	69.35	49.75	51.03	71.22	51.54	53.96	72.65	53.64	69.41	72.30	61.25

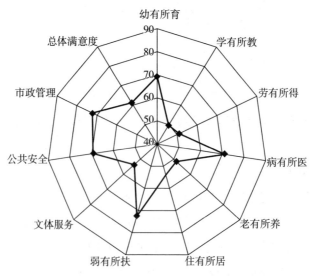

图 60　会同县基本公共服务各指标满意度得分雷达图

27. 新晃县

2024年新晃县在县域基本公共服务满意度调查中得分为61.54分，在全省122个县（市、区）中总分水平较低。从基本公共服务10个单项指标满意度来看，新晃县在全省122个县（市、区）中弱有所扶指标满意度水平居中，公共安全、幼有所育、市政管理、病有所医、老有所养5项指标满意度水平相对较低，文体服务、学有所教、劳有所得、住有所居4项指标满意度水平较低，亟须重点关注和加强。从满意度得分来看，弱有所扶得分高于70分，幼有所育、病有所医、公共安全、市政管理4项指标得分均接近70分，学有所教、老有所养、住有所居、文体服务4项指标得分均低于60分，劳有所得得分低于50分。整体来看，新晃县在湖南122个县（市、区）中基本公共服务满意度总体水平较低，且全部指标呈现两极分化特征，各项指标满意度均衡性亟待改善，特别是学有所教、劳有所得、住有所居、文体服务等方面满意度需着力提升（见表69、图61）。

表69　新晃县基本公共服务各指标满意度及总体满意度得分

单位：分

新晃县	幼有所育	学有所教	劳有所得	病有所医	老有所养	住有所居	弱有所扶	文体服务	公共安全	市政管理	总体满意度
得分	69.85	55.41	47.69	68.04	58.60	50.52	70.67	57.74	68.86	69.32	61.54

28. 芷江县

2024年芷江县在县域基本公共服务满意度调查中得分为61.72分，在全省122个县（市、区）中总分水平相对较低。从基本公共服务10个单项指标满意度来看，芷江县在全省122个县（市、区）中弱有所扶、病有所医2项指标满意度水平相对较高，幼有所育、公共安全、市政管理3项指标满意度水平居中，学有所教、老有所养、文体服务、劳有所

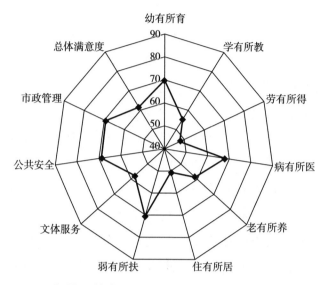

图 61　新晃县基本公共服务各指标满意度得分雷达图

得、住有所居 5 项指标满意度水平较低，亟须重点关注和加强。从满意度得分来看，幼有所育、病有所医、弱有所扶 3 项指标得分均高于 70 分，公共安全、市政管理 2 项指标得分均接近 70 分，学有所教、老有所养、住有所居、文体服务 4 项指标得分均低于 60 分，劳有所得指标低于 50 分。整体来看，芷江县在全省 122 个县（市、区）中基本公共服务满意度总体水平相对较低，且全部指标满意度呈现两极分化特征，各项指标满意度均衡性亟待改善，特别是劳有所得、老有所养、住有所居、文体服务、学有所教等方面满意度需着力提升（见表 70、图 62）。

表 70　芷江县基本公共服务各指标满意度及总体满意度得分

单位：分

芷江县	幼有所育	学有所教	劳有所得	病有所医	老有所养	住有所居	弱有所扶	文体服务	公共安全	市政管理	总体满意度
得分	71.08	55.65	44.83	72.84	53.00	51.11	75.93	55.55	69.82	69.74	61.72

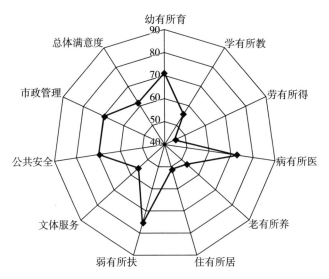

图62 芷江县基本公共服务各指标满意度得分雷达图

29. 靖州县

2024年靖州县在县域基本公共服务满意度调查中得分为62.42分，在全省122个县（市、区）中总分水平相对较低。从基本公共服务10个单项指标满意度来看，靖州县在全省122个县（市、区）中弱有所扶指标满意度水平相对较高，病有所医、市政管理、幼有所育、公共安全4项指标满意度水平居中，相比之下，劳有所得、住有所居、文体服务、老有所养、学有所教5项指标满意度水平较低，需重点关注、分析原因并着力提升。从满意度得分来看，幼有所育、病有所医、弱有所扶、市政管理4项指标得分均高于70分，公共安全得分接近70分，其余指标得分均低于60分，学有所教、老有所养2项指标得分相对较低。整体来看，靖州县在全省122个县（市、区）中基本公共服务满意度总体水平相对较低，且全部指标呈现两极分化特征，各项指标满意度均衡性亟待改善，特别是学有所教、劳有所得、老有所养、住有所居、文体服务等方面满意度需着力提升（见表71、图63）。

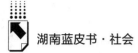

表71　靖州县基本公共服务各指标满意度及总体满意度得分

单位：分

靖州县	幼有所育	学有所教	劳有所得	病有所医	老有所养	住有所居	弱有所扶	文体服务	公共安全	市政管理	总体满意度
得分	70.95	51.81	53.37	72.73	52.98	53.26	74.04	55.12	69.76	72.24	62.42

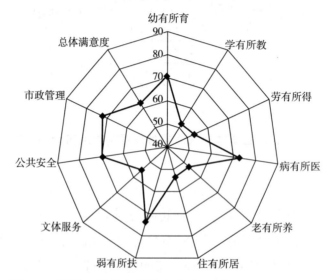

图63　靖州县基本公共服务各指标满意度得分雷达图

单项评价报告 ⟩

B.3

2024年湖南县域公共服务基本要素
满意度单项评价报告*

摘　要：　本报告对幼有所育、学有所教、劳有所得、病有所医、老有所养、住有所居、弱有所扶、文体服务、公共安全以及市政管理十个方面公共服务的基本要素进行满意度单项分析，依据得分靠前、相对靠前、水平居中、相对靠后、靠后五个得分梯次进行县域比较，然后根据各个县（市、区）的单项基本要素满意度的比较结果进行分析并得出结论和建议。

关键词：　基本公共服务　要素满意度　县域比较

---

* 第一、二部分由印道胜负责；第三、六部分由李海兵负责；第四部分由罗红艳负责；第五部分由刘艳文负责；第七、八部分由周恒负责；第九、十部分由姚选民负责；统稿：陈军、周永根。

111

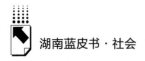
一 幼有所育满意度评价报告

印道胜*

人口问题是"国之大者"，生育问题是民之关切。党的二十大报告明确指出："优化人口发展战略，建立生育支持政策体系，降低生育、养育、教育成本。"优生优育对于提高人口素质、促进家庭幸福、推动社会进步、节约社会资源、增强国家竞争力以及倡导科学育儿观念等方面都具有重要意义。2024年湖南省县（市、区）基本公共服务十项要素满意度平均得分为68.99分，其中幼有所育要素满意度平均得分为71.59分，高于全省平均得分2.6分，在参与评估的十项公共服务要素中排名第四，在基本公共服务十项要素中处于中上水平。在全省122个县（市、区）中，该要素满意度得分超过平均水平的只有54个，占比为44.3%；低于平均水平的有68个，占比为55.7%，全省超过半数的县（市、区）在幼儿养育相关要素的满意度上表现欠佳，具体满意度情况可参见表1。

（一）县域比较

在2024年的幼有所育要素满意度调查中，全省122个县（市、区）平均得分为71.59分，其中最高分为85.14分，最低分为54.81分，最高分与最低分相差30.33分，说明县域之间的幼有所育发展存在较大差异。全省122个县（市、区）中，幼有所育要素满意度得分靠前的县域有（按拼音排序）：安乡县、东安县、芙蓉区、汉寿县、衡东县、开福区、芦淞区、石峰区、双峰县、天心区、新邵县、湘潭县、湘乡市、湘阴县、雨花区、雨湖区、岳麓区、沅江市、岳塘

---

* 印道胜，助理研究员，管理学硕士，研究方向为社会治理和区域发展。

区、蒸湘区。总体来看，市辖区和县级市幼有所育满意度情况要好于县，表明市辖区生育环境要比农村地区好；虽然市辖区和县级市在医疗、教育等公共服务方面具有优势，但这些优势并不一定直接转化为更高的生育率。得分靠前的县（市、区）中，有10个区、8个县、2个县级市，考虑湖南省县、市辖区和县级市的比例，总体来看市辖区表现突出。得分靠前或相对靠前的县域中有12个属于长株潭三市所辖区，其中得分排名前7位的县域均为长株潭三市所辖区（市），这也印证了社会经济水平与幼有所育水平之间的正相关关系，幼有所育满意度整体呈现不均衡状态。

表1　2024年湖南省县域幼有所育要素满意度得分情况

单位：分

县域	得分	县域	得分	县域	得分
芙蓉区	83.82	岳塘区	85.14	新邵县	80.51
天心区	84.11	湘潭县	79.62	邵阳县	77.53
岳麓区	80.81	湘乡市	84.26	隆回县	69.24
开福区	84.09	韶山市	72.85	洞口县	70.07
雨花区	84.83	珠晖区	69.99	绥宁县	73.41
望城区	76.43	雁峰区	66.69	新宁县	68.30
长沙县	77.07	石鼓区	76.14	城步县	70.12
浏阳市	78.86	蒸湘区	81.62	武冈市	60.59
宁乡市	71.85	南岳区	70.18	邵东市	65.16
荷塘区	72.00	衡阳县	73.55	岳阳楼区	67.38
芦淞区	79.32	衡南县	79.04	云溪区	61.10
石峰区	80.02	衡山县	69.54	君山区	72.21
天元区	78.51	衡东县	81.55	岳阳县	69.01
渌口区	69.60	祁东县	65.32	华容县	72.92
攸县	67.31	耒阳市	62.21	湘阴县	79.55
茶陵县	69.24	常宁市	77.94	平江县	69.01
炎陵县	68.94	双清区	76.25	汨罗市	64.05
醴陵市	66.26	大祥区	70.77	临湘市	58.04
雨湖区	83.28	北塔区	73.96	武陵区	77.13

县域	得分	县域	得分	县域	得分
鼎城区	76.91	涟源市	71.72	江华县	62.85
安乡县	79.90	北湖区	60.24	鹤城区	65.57
汉寿县	79.93	苏仙区	71.83	中方县	72.88
澧县	72.27	桂阳县	68.71	沅陵县	67.67
临澧县	74.41	宜章县	70.69	辰溪县	67.39
桃源县	77.73	永兴县	68.93	溆浦县	67.38
石门县	73.02	嘉禾县	62.72	会同县	69.35
津市市	68.31	临武县	70.80	麻阳县	63.28
永定区	70.59	汝城县	77.72	新晃县	69.85
武陵源区	76.55	桂东县	69.66	芷江县	71.08
慈利县	71.70	安仁县	67.19	靖州县	70.95
桑植县	66.63	资兴市	70.13	通道县	68.25
资阳区	70.41	零陵区	63.16	洪江市	56.33
赫山区	65.65	冷水滩区	67.28	吉首市	73.15
南县	70.15	祁阳市	54.81	泸溪县	64.36
桃江县	69.50	东安县	82.34	凤凰县	60.18
安化县	65.76	双牌县	70.14	花垣县	67.99
沅江市	79.15	道县	63.67	保靖县	68.88
娄星区	74.08	江永县	65.35	古丈县	62.97
双峰县	79.92	宁远县	62.50	永顺县	55.43
新化县	77.75	蓝山县	73.63	龙山县	56.82
冷水江市	75.65	新田县	63.76		

全省满意度平均值为 71.59

（二）结果分析

2024 年，湖南省幼有所育要素满意度得分超过 80 分的县（市、区）有 13 个，得分最高的为 85.14 分，全省得分 80 分以上的县域占比 10.7%，比例偏低；得分在 70~80 分的有 54 个，占比 44.3%；得分在 60~70 分的有 50 个，占比 41%，说明多数县域处于中等水平；得分在 60 分以下的有 5 个，最低分为 54.81 分，全省得分低的县域占比 4.10%，这些数据从侧面反映出湖南省很多县（市、区）幼有所育水平还需大力提升。社会经济水平较高的地区往往能够提供更好的政策支持、服务质量、资源分配和社会支持系统，从而提高幼有所育的满意度。

（三）结论与建议

"一老一幼"系民心，一枝一叶总关情。幼有所育，不仅事关婴幼儿的健康成长，也关系着千家万户的福祉与国家民族的未来。党的二十大报告在回顾总结新时代十年的伟大变革时提到"幼有所育"，并就今后民生事业发展作出"优化人口发展战略，建立生育支持政策体系，降低生育、养育、教育成本"的重要部署。实现"幼有所育"，对于激发"生"的意愿、解决"育"的难题和减轻"养"的负担具有重要作用。党的二十届三中全会通过的《中共中央关于进一步全面深化改革 推进中国式现代化的决定》提出，加强普惠育幼服务体系建设，支持用人单位办托、社区嵌入式托育、家庭托育点等多种模式发展。近年来，湖南省出现人口自然增长的放缓乃至负增长趋势，存在育龄妇女人数减少、群众生育意愿降低、晚婚晚育现象增多、人口老龄化加剧等问题。面对新形势新挑战，湖南应积极完善落实"2+N"生育支持政策体系，优化托育服务，提高妇幼健康水平，减轻生育养育负担，提振群众生育意愿，逐步满足人民群众"幼有所育""幼有善育"的服务需求。

1. 改善优生优育全程服务，释放生育政策潜力

深入实施母婴安全行动提升计划，全面落实母婴安全五项制度。大力推进妇幼保健机构能力建设，各市、县级均应设置 1 所政府举办、标准化的妇幼保健机构。以全面提升住院分娩环境与服务质量为核心，强化高质量产科体系建设。积极促进出生缺陷三级预防体系的深入实施，构建并完善"县级筛查、市级诊断、省级指导"的出生

缺陷综合防控网络。着力提升婚前、孕前健康咨询与保健服务，提高产前筛查与诊断的精准性与可及性，确保母婴安全。针对关键疾病领域，推动实施围绕孕期至产前产后全链条的一体化健康管理服务，促进妇产科、儿科、遗传学、心脏病学等多学科间的紧密合作与协同诊疗，形成高效联动的医疗服务模式。加大对新生儿遗传代谢性疾病、听力障碍及先天性心脏病的早期筛查与诊断力度，通过技术创新与资源整合，实现早发现、早干预、早治疗，为新生儿健康保驾护航。全方位、多层次地提升我国出生人口素质，促进母婴健康事业的持续发展。

2. 提高儿童健康服务质量，提升儿童健康水平

切实实施"健康儿童行动升级计划"，聚焦于0~6岁幼儿及孕产妇健康管理服务的全面优化，着力提升服务质量与资金使用效能。强化基层儿童保健服务体系的基石，推动基层医疗机构儿童保健门诊（室）向标准化、规范化迈进，确保乡镇卫生院与社区卫生服务中心能够配备充足且专业的儿童保健与基本医疗人员。均衡优质儿科医疗资源，积极促进儿科医疗联合体构建，助力优质资源向基层延伸与合理配置。启动母婴友好医院与儿童友好医院建设项目，营造更加温馨、安全的就医环境。优化新生儿参与居民医保的服务流程与管理，确保每一位新生儿都能及时享受医疗保障。将儿童健康管理深度融入家庭医生签约服务体系中，强化儿童保健门诊的标准化、规范化管理，确保儿童在不同成长阶段都能获得科学、专业的健康指导与服务。进一步完善儿童保健服务质量管理体系，通过制度建设与监督执行，不断提升儿童保健服务的整体质量与水平，为儿童健康成长撑起坚实的保护伞。

3. 加强生殖健康服务，增强优生优育理念

着力构建覆盖全省、布局合理、管理规范、有序发展的人类辅助生殖技术服务体系。重视不孕不育症的预防和诊治，加大技术攻关与政策研究力度。加强对辅助生殖医疗机构的监管。向生育困难夫妇提供必要的人类辅助生殖技术服务。扩大分娩镇痛试点，规范相关诊疗行为，提升分娩镇痛水平。指导推动医疗机构通过健康教育、心理辅导、中医药服务、药物治疗、手术治疗、辅助生殖技术等手段，向群众提供有针对性的服务，提高不孕不育防治水平。推进辅助生殖技术制度建设，健全质量控制网络，加强服务监测与信息化管理。开展生殖健康促进行动，增强群众保健意识。促进生殖保健服务融入妇女健康管理全过程，普及生殖健康知识，预防非意愿妊娠，减少人工流产。

4. 提高家庭婴幼儿照护能力，解除家庭后顾之忧

建立完善健康科普专家库和资源库，通过广播、电视、报刊、网络、新媒体等多种渠道，普及科学育儿知识与技能。鼓励地方采取积极措施，支持隔代照料、家庭互助等照护模式。扩大家政企业上门居家婴幼儿照护服务供给。鼓励有条件的托育机构与家政企业等合作，提供上门居家婴幼儿照护服务。鼓励有资质的服务机构、行业协会和专业人员，依托村（居）委会等基层力量，通过家长课堂、养育照护小组活动、入户指导等方式，提高婴幼儿照护能力。充分发挥公益慈善类社会组织等社会力量的积极作用，加大对农村和欠发达地区婴幼儿照护服务的支持。

5. 不断降低生育、养育、教育成本

围绕公民在生育、养育、教育等方面的难题，大力推进普惠化改革。2024 年全国两会政府工作报告明确要求，"健全生育支持政策，优化生育假期制度，完善经营主体用工成本合理共担机制，多渠道增加托育服务供给，减轻家庭生育、养育、教育负担"。当前，经济负担、子女照料负担、女性对职业发展的担忧等已成为制约生育的主要因素。在构建和完善生育支持政策体系的过程中，应将核心聚焦于切实减轻家庭在生育、养育、教育方面的负担，并将此作为政策体系的出发点与主要衡量标尺。建立健全生育、养育、教育成本的综合调查制度，动态捕捉成本变动趋势，为政策制定提供精准的数据支撑，确保政策调整与时俱进，精准对接民众需求。

二　学有所教满意度评价报告

印道胜[*]

教育兴则国家兴，教育强则国家强。习近平总书记指出："要坚持把高质量发展作为各级各类教育的生命线，加快建设高质量教育体系"。[①]《中共中央关于进一步全面深化改革 推进中国式现代化的决定》强调"加快建设高质量教育体系"。当前，我国已建成世界上规模最大的教育体系，人民群众"有学上"的需求得到满足后，"上好学"成为当前教育突出的挑战，加快建设高质量教育体系至关重要。

2024 年湖南省县（市、区）基本公共服务十项要素满意度平均得分为 68.99 分，其中学有所教要素满意度平均得分为 68.41 分，低于全省平均得分 0.58 分，在参与评估的十项公共服务要素中排名第七，说明当前湖南省县域学有所教要素的满意度在基本公共服务十项要素中处于中下水平。

（一）县域比较

在 2024 年的学有所教要素满意度调查中，全省 122 个县（市、区）平均得分为 68.41 分，该要素满意度得分超过平均水平的只有 55 个，占比 45.08%；低于平均水平的有 67 个，占比 54.92%，可以

---

*　印道胜，助理研究员，管理学硕士，研究方向为社会治理和区域发展。

①　《扎实推动教育强国建设——2023 年 5 月 29 日习近平同志主持中共二十届中央政治局第五次集体学习时的讲话》，中国政府网，https：//www.gov.cn/yaowen/liebiao/202409/content_ 6973086. htm。

看出全省有一半多的县（市、区）对学有所教要素满意度不高（见表2）。最高分为85.46分，最低分为48.37分，最高分与最低分相差37.09分，说明县域之间的学有所教发展存在较大差异。

全省122个县（市、区）中，靠前的县域得分区间是77.51～85.46分；相对靠前的县域得分区间是69.22～76.76分；水平居中的县域得分区间是66.24～69.02分；相对靠后的县域得分区间是60.71～66.02分；靠后的县域得分区间是48.37～60.70分。学有所教要素满意度得分靠前的县域有（按拼音排序）：长沙县、东安县、芙蓉区、开福区、芦淞区、浏阳市、双峰县、石峰区、天心区、天元区、望城区、新化县、湘潭县、湘乡市、湘阴县、雨湖区、雨花区、岳麓区、岳塘区、蒸湘区。得分靠前和相对靠前的县（市、区）中，有20个区、23个县、7个市。总体来看，市辖区和县级市学有所教得分情况要好于县，这表明市辖区教育环境要比县城好。

表2　2024年湖南省县域学有所教要素满意度得分情况

单位：分

县域	得分	县域	得分	县域	得分
芙蓉区	81.45	天元区	81.79	雁峰区	64.00
天心区	85.46	渌口区	71.09	石鼓区	76.76
岳麓区	81.59	攸县	66.24	蒸湘区	82.40
开福区	82.12	茶陵县	69.22	南岳区	65.48
雨花区	84.34	炎陵县	69.36	衡阳县	68.72
望城区	79.90	醴陵市	72.12	衡南县	68.42
长沙县	80.63	雨湖区	85.36	衡山县	67.41
浏阳市	77.51	岳塘区	81.50	衡东县	76.01
宁乡市	69.88	湘潭县	82.60	祁东县	61.23
荷塘区	68.05	湘乡市	81.70	耒阳市	62.28
芦淞区	82.87	韶山市	70.85	常宁市	48.37
石峰区	79.55	珠晖区	65.30	双清区	75.55

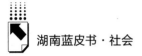

续表

县域	得分	县域	得分	县域	得分
大祥区	69.52	永定区	70.04	东安县	83.26
北塔区	71.87	武陵源区	64.39	双牌县	70.03
新邵县	74.59	慈利县	70.33	道县	63.55
邵阳县	73.38	桑植县	59.48	江永县	66.53
隆回县	68.29	资阳区	66.54	宁远县	60.71
洞口县	65.10	赫山区	60.41	蓝山县	74.57
绥宁县	62.27	南县	67.01	新田县	62.65
新宁县	66.51	桃江县	69.02	江华县	65.82
城步县	71.84	安化县	64.26	鹤城区	66.84
武冈市	58.50	沅江市	52.41	中方县	63.26
邵东市	61.57	娄星区	66.02	沅陵县	51.48
岳阳楼区	68.80	双峰县	79.01	辰溪县	64.17
云溪区	61.69	新化县	78.71	溆浦县	65.36
君山区	68.30	冷水江市	73.26	会同县	49.75
岳阳县	67.23	涟源市	59.63	麻阳县	54.17
华容县	73.68	北湖区	60.24	新晃县	55.41
湘阴县	77.51	苏仙区	67.00	芷江县	55.65
平江县	65.94	桂阳县	65.16	靖州县	51.81
汨罗市	57.43	宜章县	64.73	通道县	69.45
临湘市	54.36	永兴县	68.90	洪江市	58.47
武陵区	71.33	嘉禾县	60.44	吉首市	71.37
鼎城区	71.65	临武县	67.48	泸溪县	61.52
安乡县	70.11	汝城县	64.71	凤凰县	62.43
汉寿县	73.67	桂东县	69.85	花垣县	64.90
澧县	71.28	安仁县	60.73	保靖县	71.13
临澧县	61.21	资兴市	60.70	古丈县	60.49
桃源县	70.31	零陵区	63.43	永顺县	61.97
石门县	58.69	冷水滩区	66.44	龙山县	59.26
津市市	68.03	祁阳市	54.14		

全省满意度平均值为68.41

（二）结果分析

2024年，湖南省学有所教要素满意度得分超过80分的县（市、区）有14个，占比11.48%，显示这些地区在学有所教要素上的满意度较高。得分在70~80分的有30个，占比24.59%；得分在60~70分的有61个，占比50%，一半县（市、区）的得分落在这个区间，说明这些地区在学有所教方面有一定的基础，但仍有提升空间；得分在60分以下的有17个，占比13.93%，这些地区在学有所教要素上的满意度相对较低，需要重点关注和改进。调查数据从侧面反映出湖南省学有所教水平在很多县（市、区）的发展还需大力提升。

（三）结论与建议

教育是强国建设、民族复兴之基。党的二十届三中全会提出"教育、科技、人才是中国式现代化的基础性、战略性支撑"。习近平总书记在2024年9月9~10日召开的全国教育大会上强调，建成教育强国是近代以来中华民族梦寐以求的美好愿望，是实现以中国式现代化全面推进强国建设、民族复兴伟业的先导任务、坚实基础、战略支撑，必须朝着既定目标扎实迈进。习近平总书记指出：要坚持以人民为中心，不断提升教育公共服务的普惠性、可及性、便捷性，让教育改革发展成果更多更公平惠及全体人民。优化区域教育资源配置，推动义务教育优质均衡发展，逐步缩小城乡、区域、校际、群体差距。持续巩固"双减"成果，全面提升课堂教学水平，提高课后服务质量。深入实施国家教育数字化战略，扩大优质教育资源受益面，提升终身学习公共服务水平。结合实际，当前湖南省可以聚焦以下几个关键方面来着手实施改进策略。

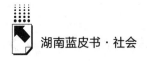
1. 着力构建湖湘特色高质量教育体系

学前教育要多渠道增加普惠性资源，全面提升科学保教水平，实现普及普惠安全优质发展，实施学前教育资源优化提质工程，扩大普惠性幼儿园覆盖率，提高公办园在园幼儿占比，规范社会力量办园，强化幼儿园安全保障。通过政府、社会、家庭等多方面的共同努力和配合，逐步构建起覆盖城乡、布局合理、公益普惠的学前教育公共服务体系，为幼儿的健康成长和全面发展提供有力保障。

义务教育要实现优质均衡发展和城乡一体化，优化区域教育资源配置。实施义务教育质量提升工程，加快乡村小规模学校整合提质和乡镇标准化寄宿制学校建设，通过教联体、共同体、集团校等方式，引导长沙等地优质教育资源支援大湘西教育事业发展，着力缩小城乡、区域、学校间办学差距。

高中教育要深入实施标准化建设工程，推进县域普通高中"徐特立项目"建设，有序扩大优质普通高中招生规模，探索建设综合高中，为学生发展提供更多通道。深化普通高中育人方式改革，根据区域经济社会发展和学生需求，科学规划普通高中的布局和类型，避免同质化竞争和资源浪费。明确办学定位、加强特色项目与课程建设、优化资源配置、改革评价体系以及加强社会参与与支持，逐步构建起覆盖广泛、特色鲜明、质量优良的普通高中教育体系。

要实施好特殊教育学校达标建设工程，推进融合教育，促进医教结合，优化送教上门。根据特殊儿童的实际情况和需求，合理配置特殊教育资源，包括师资力量、教学设备、康复设施等。确保资源得到有效利用，满足特殊儿童多样化的教育需求。

高等教育是建设教育强省的龙头。集中财力建好"第一梯队"，支持已有的一流大学和一流学科建设，提升其在国内外的影响力和竞争力。在巩固"第一梯队"的同时，积极培育有潜力的学科和高校，为未来的"双一流"建设储备力量。鼓励和支持有条件的高校申请硕士点和博士点，扩大研究生教育规模，提高研究生教育质量，不断提升教育与经济社会发展契合度。

2. 深化教育领域综合改革

完善立德树人机制，健全德智体美劳全面培养体系。加快完善具有湖湘特色的立德树人机制，深入推进大中小学思政课一体化改革创新，深化教育评价改革，摒弃单一以分数、升学率、文凭、论文发表数量及职称头衔为评价标准的倾向，构建更加全面、科学、合理的学校管理和教育评价体系。

完善公共教育服务。以办好人民满意教育为落脚点推进扩优提质，建立与人口变化相协调的基本公共教育服务供给新机制。顺应学龄人口变化和新型城镇化趋势，调整优化中小学幼儿园布局和师资配置，推动各地跨学段资源余缺统筹调配。深入推进基础教育扩优提质，完善义务教育优质均衡推进机制，推进城镇现有优质学校挖潜扩容，加快推动新优质学校成长，持续推进乡村学校优化提质，全面完成县域普通高中"徐特立"项目建设，办好"家门口"每一所学校。在推进义务教育优质均衡发展的基础上，探索逐步扩大免费教育范围。健全学前教育和特殊教育、专门教育保障机制。推进教育数字化，加强终身教育保障。

推进民办学校分类管理改革，引导规范民办教育发展。积极引入国外优质教育资源，深化高水平的中外合作办学项目，精心塑造"留学中国、学在湖湘"这一独具特色的来华留学教育品牌，广泛吸引全球杰出青年才俊汇聚湖南深造。创新公派出国留学人员的选拔与派遣机制，强化国际化师资队伍的构建，全力培养具备高水准与广阔国际视野的顶尖人才。

3. 加快建设高素质专业化教师队伍

高素质教师队伍是增进民生福祉的重要保障。让每一名学生享有平等、优质的教育，享有人生出彩的机会，需要进一步优化教师资源配置，提升教师队伍整体素质能力，打造一支师德高尚、业务精湛、结构合理、充满活力的高素质专业化教师队伍。实施高层次教师培养计划，为幼儿园、小学重点培养本科及以上层次教师，中学教师培养逐步实现以研究生层次为主。支持高水平大学与高等职业院校、企业联合开展职业教育教师一体化培养培训。完善中小学教师国家级培训计划，加强乡村教师培训，提升乡村教师能力素质。推动高校教师发展支持服务体系的建设，实施数字化赋能教师发展行动，提升教师应对新技术变革的能力。深入实施新时代基础教育强师计划，推进实施师范教育协同提质计划，更加积极主动、充分有效地发挥作用，推动湖湘特色高质量教师教育体系更加健全、不断优化。

三 劳有所得满意度评价报告

李海兵*

就业创业是最大的民生工程、民心工程，积极落实就业优先的战略是政府提供基本公共服务的重中之重。就业创业服务质量的提升和持续优化，关乎湖南省经济社会发展环境建设，人民对劳有所得要素满意度的高低直接关系到人民的幸福指数高低。2024年湖南全省县（市、区）基本公共服务十项要素满意度平均得分为68.99分，其中劳有所得要素满意度平均得分为64.37分，低于全省平均得分4.62分，在参与评估的十项公共服务要素中排名第十，说明当前湖南省劳有所得要素离人民群众满意还有一定差距。

（一）县域比较

在2024年的劳有所得要素满意度调查中，全省122个县（市、

---

* 李海兵，助理研究员，哲学硕士，研究方向为就业创业、基层社会治理等。

区）平均得分为64.37分，在公共服务十项要素中排名靠后。按照五个等级划分，全省排名靠前的县域得分区间是88.59~72.56分；相对靠前的县域得分区间是72.49~65.26分；排名居中的县域得分区间是64.86~62.05分；相对靠后的县域得分区间是62.03~57.14分；排名靠后的县域得分区间是56.74~41.17分，全省县域劳有所得要素满意度得分整体分布情况见表3。2024年该要素满意度得分靠前的县域有（按拼音排序）：长沙县、东安县、芙蓉区、汉寿县、开福区、蓝山县、浏阳市、芦淞区、石峰区、石鼓区、双峰县、天心区、天元区、望城区、湘乡市、雨湖区、雨花区、岳麓区、岳塘区以及蒸湘区。其中最高分为88.59分，最低分为41.17分，最高分与最低分相差47.42分，说明县域之间的就业创业发展情况存在较大差异。在122个县（市、区）中，该要素满意度得分超过平均水平的有54个，占比44.3%；低于平均水平的有68个，占比55.7%，可见全省有一半多的县（市、区）劳有所得要素满意度得分较低。总体来看，市辖区创业就业情况要比县（市）好；市辖区所能提供的就业岗位比县城地区多。排名靠前的20个县域中有13个区、2个市、5个县，表明就业创业要素满意度得分高的市辖区多于县（市）；而排名靠后的20个县域中没有一个市辖区，全部是县（市）。在全省36个市辖区中，有28个满意度得分在60分以上；得分在60分以下的县域有45个，其中包含38个县（市），占比高达84.4%。

表3　2024年湖南省县域劳有所得要素满意度得分情况

单位：分

县域	得分	县域	得分	县域	得分
芙蓉区	79.35	雨花区	80.57	宁乡市	58.78
天心区	80.56	望城区	72.56	荷塘区	63.92
岳麓区	80.43	长沙县	72.93	芦淞区	80.44
开福区	84.03	浏阳市	73.00	石峰区	76.13

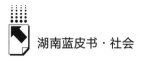

续表

县域	得分	县域	得分	县域	得分
天元区	81.26	邵东市	56.46	北湖区	57.18
渌口区	58.44	岳阳楼区	63.49	苏仙区	62.75
攸县	63.45	云溪区	58.61	桂阳县	55.56
茶陵县	68.32	君山区	68.10	宜章县	54.06
炎陵县	63.16	岳阳县	63.79	永兴县	62.63
醴陵市	58.91	华容县	65.66	嘉禾县	50.23
雨湖区	88.59	湘阴县	66.82	临武县	49.87
岳塘区	80.10	平江县	59.46	汝城县	57.40
湘潭县	72.49	汨罗市	54.31	桂东县	65.74
湘乡市	83.87	临湘市	54.48	安仁县	49.52
韶山市	63.48	武陵区	69.06	资兴市	47.10
珠晖区	57.14	鼎城区	68.16	零陵区	64.07
雁峰区	62.03	安乡县	62.64	冷水滩区	57.94
石鼓区	76.53	汉寿县	78.01	祁阳市	54.10
蒸湘区	76.29	澧县	65.39	东安县	75.92
南岳区	65.50	临澧县	59.51	双牌县	67.91
衡阳县	52.92	桃源县	60.50	道县	58.91
衡南县	60.20	石门县	56.74	江永县	62.92
衡山县	64.10	津市市	61.71	宁远县	59.04
衡东县	72.04	永定区	70.94	蓝山县	75.00
祁东县	58.71	武陵源区	59.52	新田县	66.31
耒阳市	57.59	慈利县	68.53	江华县	68.04
常宁市	41.17	桑植县	54.59	鹤城区	69.33
双清区	69.43	资阳区	62.33	中方县	64.57
大祥区	67.88	赫山区	59.07	沅陵县	47.77
北塔区	67.33	南县	64.57	辰溪县	62.61
新邵县	72.43	桃江县	67.14	溆浦县	64.86
邵阳县	64.77	安化县	66.48	会同县	51.03
隆回县	66.40	沅江市	43.21	麻阳县	58.81
洞口县	58.16	娄星区	58.66	新晃县	47.69
绥宁县	54.98	双峰县	73.03	芷江县	44.83
新宁县	60.94	新化县	72.38	靖州县	53.37
城步县	66.19	冷水江市	71.41	通道县	63.74
武冈市	57.70	涟源市	55.76	洪江市	58.47

县域	得分	县域	得分	县域	得分
吉首市	65.26	花垣县	61.99	永顺县	58.27
泸溪县	66.54	保靖县	69.17	龙山县	59.03
凤凰县	61.57	古丈县	62.05		

全省满意度平均值为64.37

（二）结果分析

2024年，湖南省劳有所得要素满意度得分超过80分的县（市、区）有10个，得分最高的为88.59分，全省得分高的县域占比8.2%，比例偏低；得分在70~80分的有16个，占比13.1%；得分在60~70分的有51个，占比41.8%，说明多数县域处于中等水平；得分在60分以下的有45个，其中有8个满意度得分低于50分，最低分才41.17分，全省得分低的县域占比为36.9%，比例偏高，这些数据反映出湖南省就业创业工作在很多县（市、区）的发展还需大力提升。劳有所得要素满意度得分在公共服务十项要素中排第十，这表明湖南省在就业创业方面仍存在较大提升空间。究其原因，一是与国际国内经济发展大环境低迷有关；二是当前我国高质量发展背景下就业岗位难以有效增加，导致出现就业难；三是人民对美好生活的需求越来越高，对就业创业的要求也相应提高。对此，各级政府要毫不动摇坚持就业优先战略，继续完善支持就业创业制度以及相关政策，把促进就业作为经济社会发展的优先目标，放在经济社会发展的优先位置。

（三）结论与建议

推进县域就业创业发展，是提升县域经济活力、促进社会稳定和谐的重要举措。湖南省县域劳动力人口正逐年减少，就业创业压力

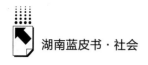
大，推进县域就业创业发展需要政府、社会、企业等多方面的共同努力，应着重从以下几方面发力。

1. 把握湖南省县域人口变化趋势对就业的影响

湖南省是人口大省，也是劳动力输出大省，主要是县域青壮年劳动力的输出。进入新时代，随着出生人口的下降及人口老龄化的加剧，湖南省县域人口和劳动力总量呈现减少趋势，但规模依然庞大。同时，随着人口和劳动力的流动性不断加强，县域之间的人口增减分化加剧。对此，我们要有正确的认识，过去那种依靠劳动力数量取胜的人力资源市场体系难以为继，取而代之的是一种以人口高质量发展为基础的高质量充分就业体系。我们要主动适应劳动力规模和结构变化趋势，把人口高质量发展作为人力资源开发利用的主要途径，加快构建素质优良、总量充裕、结构优化、分布合理的现代化人力资源市场体系。

2. 坚持市场导向促进充分就业

坚持发挥市场机制在人力资源配置中的决定性作用，推动统一开放、竞争有序的人力资源市场体系建设，支持鼓励大众创业、万众创新，以创新创业带动就业，逐步形成供求双向选择、劳动者自主就业创业新格局。稳步推进就业市场化改革，促进人力资源合理流动和有效配置，推动人力资源的充分开发和有效利用。根据市场需求和产业发展趋势，加大对职业技能培训的投入，提升劳动者的技能水平和就业竞争力。同时，鼓励企业开展内部培训，建立终身学习体系，帮助员工适应技术进步和产业升级带来的变化。建立校企合作、工学结合的职业教育模式，确保培训与市场需求紧密对接。

3. 推动县域经济发展扩大就业容量

经济增长稳，就业才能稳。要坚持在发展中解决就业问题，在构建高质量县域产业体系过程中不断提升就业带动力。通过加强基础设施建设、推动产业升级和集群发展、强化县域经济发展支撑以及推动城乡融合发展等措施，促进县域经济高质量发展。依托县域资源禀赋和比较优势，发展具有地方特色的产业，如农产品加工、文化旅游、绿色能源等，形成产业集群效应。推动县域制造业高质量发展，提升制造业盈利能力和高质量就业。支持生产性服务业发展，积极扩大生活性服务业就业。加快发展数字经济，推动数字经济和实体经济深度融合，培育就业增长新动能。

4. 完善就业创业政策体系

大力实施就业优先战略，推动将就业工作列入县域各级党委、政府中心工作，列入人大立法执法检查、政协建言献策重要选项，将更加充分、更高质量就业作为经济社会发展的优先目标；将城镇新增就业、城镇调查失业率作为衡量县域经济发展水平的重要指标。优化就业创业服务环境，深化"放管服"改革，简化审批流程，提高行政效率，降低企业运营成本。激发市场活力，完善市场准入制度，保护公平竞争，鼓励民营企业、外资企业等多元市场主体在县域内投资兴业。支持创新创业，建立创新创业孵化平台，提供政策扶持、资金支持和专业指导，鼓励返乡人员、高校毕业生等群体在县域内创业，培育新的经济增长点。

5. 完善重点群体就业支持体系

突出做好高校毕业生、退役军人、就业困难人员等重点群体就业工作。坚持把高校毕业生就业作为重中之重，结合"4×4"现代化产业体系建设，创造更多有利于发挥高校毕业生专长和智力优势的知识技术型就业岗位；对困难毕业生和长期失业青年实施就业帮扶。落实退役军人就业优待政策，将退役军人按规定纳入现有就业服务、职业培训等政策覆盖范围。加强就业援助，把解决失业人员再就业问题摆在突出位置，畅通失业人员求助渠道，健全失业登记、职业介绍、职业培训、职业指导、生活保障联动机制。动态调整就业困难人员认定标准，健全就业困难人员就业援助机制，对城镇就业困难人员建立台账、动态管理，提供优先扶持和重点帮助。对通过市场渠道难以实现就业的就业困难人员，合理开发公益性岗位托底安置，确保零就业家庭动态清零。

四　病有所医满意度评价报告

罗红艳[*]

医疗卫生是保障人民健康、促进社会发展的重要基石，提供全方位的医疗卫生服务是政府提供基本公共服务的重要组成部分。医疗卫生服务质量的优化与效率的提升，有利于维护社会稳定、应对公共卫生挑战。2024年湖南省122个县（市、区）病有所医要素满意度平均得分为71.88分，在基本公共服务诸要素满意度排名中居相对靠前位置。

（一）县域比较

2024年湖南省县域城市基本公共服务十项要素平均得分为68.99分，其中病有所医要素满意度平均得分为71.88分，在公共服务十项要素中排名相对靠前。全省县域病有所医要素满意度得分整体分布情况见表4。靠前的县域得分区间是79.69~87.66分，相对靠前的县域得分区间是72.84~79.56分，水平居中的县域得分区间是69.43~72.73分，相对靠后的县域得分区间是65.46~69.42分，靠后的县域得分区间是54.25~65.34分。2024年该要素满意度得分靠前的县域城市有（按拼音排序）：安乡县、常宁市、长沙县、鼎城区、东安县、衡东县、开福区、芦淞区、石鼓区、桃源县、天心区、天元区、

---

* 罗红艳，助理研究员、博士，研究方向为经济体制改革。

望城区、湘潭县、湘乡市、雨湖区、雨花区、沅江市、岳塘区以及蒸湘区。在全省122个县（市、区）中，该要素最高得分为87.66分，最低得分为54.25分，最高分与最低分之间相差33.41分，表明全省县域之间的医疗卫生发展情况存在较大差距，部分县域的医疗卫生状况亟待提升。

从具体分值来看，2024年湖南省病有所医要素满意度得分超过80分的县（市、区）有18个，占比14.75%，比例不高；得分在70~80分的有48个，在60~70分的有50个，分别占比39.34%和40.98%，共占比80.32%；得分为60分以下的仅有6个，均高于50分，占比4.92%。以上结果表明，在全省122个县（市、区）中，少部分县（市、区）民众对病有所医要素满意度较高，认为自己享受了较高水平的医疗卫生服务；绝大部分县（市、区）的民众对病有所医要素满意度处于中等水平，认为自己享受了一般水平的医疗卫生服务；极少部分县（市、区）的民众对病有所医要素满意度处于较低水平，对当前享受的医疗卫生服务不太满意。

从县域类型来看，病有所医要素满意度得分在全省平均分以上的市辖区有18个，占全省36个市辖区的50%；得分在全省平均分以上的县级市有7个，占全省19个县级市的36.84%；得分在全省平均分以上的县有27个，占全省67个县的40.30%。病有所医要素满意度得分在60分以下的市辖区有1个，占36个市辖区的2.78%；得分在60分以下的县级市有3个，占19个县级市的15.79%；得分在60分以下的县有2个，占67个县的2.99%。病有所医要素满意度得分呈现明显的梯度分化，市辖区的病有所医要素满意度优于县的病有所医要素满意度，县的病有所医要素满意度优于县级市的病有所医要素满意度。

表4　2024年湖南省县域病有所医要素满意度得分情况一览

单位：分

县域	得分	县域	得分	县域	得分
芙蓉区	78.35	洞口县	68.61	桂阳县	65.34
天心区	80.98	绥宁县	75.65	宜章县	68.28
岳麓区	79.52	新宁县	68.40	永兴县	66.33
开福区	82.16	城步县	69.43	嘉禾县	65.82
雨花区	85.17	武冈市	62.37	临武县	70.00
望城区	80.59	邵东市	64.16	汝城县	74.56
长沙县	79.69	岳阳楼区	70.12	桂东县	74.97
浏阳市	75.40	云溪区	63.17	安仁县	64.66
宁乡市	73.34	君山区	68.95	资兴市	69.46
荷塘区	70.00	岳阳县	66.82	零陵区	64.16
芦淞区	83.92	华容县	73.17	冷水滩区	65.72
石峰区	77.52	湘阴县	76.87	祁阳市	54.25
天元区	81.63	平江县	67.27	东安县	81.70
渌口区	67.31	汨罗市	62.98	双牌县	72.88
攸县	67.90	临湘市	56.89	道县	64.24
茶陵县	69.31	武陵区	75.76	江永县	65.58
炎陵县	70.39	鼎城区	79.90	宁远县	59.87
醴陵市	65.98	安乡县	81.11	蓝山县	74.30
雨湖区	85.00	汉寿县	78.50	新田县	64.60
岳塘区	81.00	澧县	75.07	江华县	63.74
湘潭县	81.27	临澧县	76.32	鹤城区	68.03
湘乡市	87.66	桃源县	82.12	中方县	75.64
韶山市	70.34	石门县	73.49	沅陵县	70.96
珠晖区	71.12	津市市	67.10	辰溪县	67.89
雁峰区	68.54	永定区	70.77	溆浦县	68.10
石鼓区	83.31	武陵源区	79.56	会同县	71.22
蒸湘区	82.02	慈利县	69.00	麻阳县	61.71
南岳区	67.10	桑植县	66.19	新晃县	68.04
衡阳县	78.33	资阳区	68.43	芷江县	72.84
衡南县	78.82	赫山区	68.11	靖州县	72.73
衡山县	69.42	南县	71.35	通道县	75.71
衡东县	85.97	桃江县	71.51	洪江市	57.60
祁东县	60.70	安化县	65.46	吉首市	71.15
耒阳市	63.83	沅江市	84.72	泸溪县	65.54
常宁市	80.62	娄星区	77.49	凤凰县	62.03
双清区	75.47	双峰县	78.30	花垣县	71.18
大祥区	70.66	新化县	79.36	保靖县	69.54
北塔区	69.02	冷水江市	74.10	古丈县	63.45
新邵县	77.45	涟源市	71.91	永顺县	62.78
邵阳县	74.76	北湖区	58.26	龙山县	59.91
隆回县	69.77	苏仙区	67.65		

全省满意度平均值为71.88

（二）结果分析

总体而言，在 2024 年，全省 122 个县（市、区）病有所医要素满意度的平均得分为 71.88 分，比基本公共服务十项要素满意度的平均得分（68.99 分）高 2.89 分，在参与评估的十项基本公共服务要素中排名相对靠前，说明当前全省民众对病有所医这项基本公共服务的满意度尚可。但进一步分析病有所医要素的六个维度，发现各县（市、区）提供的医疗卫生服务离人民群众满意还有一定差距。

从病有所医要素六维度——家庭医生、医疗费用、医疗便利程度、医疗保险服务、医疗保险报销、总体满意度——来剖析排名靠前的部分县（市、区）和排名靠后的部分县（市、区），可对各县（市、区）的医疗卫生服务情况产生更深刻的认识。通过表 5 可知，在病有所医要素满意度排名靠前的部分县（市、区）中，大部分县（市、区）的医疗费用满意度得分高于其他要素满意度得分，说明民众对医院及医务人员未开具不必要的检查和未收取不必要的费用满意度较高；大部分县（市、区）的家庭医生满意度得分总体低于其他要素满意度得分，说明民众对目前的家庭医生签约服务满意度并不高；在医疗便利程度满意度得分上，各县（市、区）得分参差不齐，即在某些县（市、区）它的得分最高，而在另一些县（市、区）它的得分却最低，说明各县（市、区）在医疗便利程度上存在较明显差距。

表 5　病有所医要素满意度排名靠前的部分县域病有所医六维度得分

单位：分

县域	家庭医生满意度得分	医疗费用满意度得分	医疗便利程度满意度得分	医疗保险服务满意度得分	医疗保险报销满意度得分	整体满意度得分
衡东县	77.00	90.50	85.00	83.50	84.50	87.50
开福区	81.67	84.00	85.33	79.33	82.67	82.00

续表

县域	家庭医生满意度得分	医疗费用满意度得分	医疗便利程度满意度得分	医疗保险服务满意度得分	医疗保险报销满意度得分	整体满意度得分
芦淞区	82.50	93.00	86.00	85.00	82.50	82.00
石鼓区	84.00	94.00	86.00	83.00	76.00	82.50
桃源县	78.80	86.80	78.40	77.20	80.80	83.60
湘乡市	77.60	95.20	89.20	89.20	84.00	88.00
雨湖区	86.40	90.40	84.80	80.80	82.80	85.20
雨花区	83.43	83.14	87.14	86.86	83.43	85.71
沅江市	80.00	91.50	76.00	89.50	78.50	85.50
蒸湘区	79.20	87.20	80.80	82.80	82.40	81.20

同样，通过对医疗卫生要素满意度排名靠后的部分县（市、区）的病有所医要素六维度进行分析，发现一些县（市、区）的医疗便利程度满意度得分最低，还有一些县（市、区）则是医疗保险报销满意度得分最低，说明享受医疗卫生服务的便利程度不高和医疗保险报销不尽如人意是民众对病有所医要素满意度不高的重要因素，需要改进。

（三）结论与建议

总体而言，市辖区经济较为发达，提供的医疗卫生服务水平较高，民众的满意度高于县和县级市。从病有所医要素六维度来看，民众对医院未开设不必要的检查和未收取不必要的费用比较满意，对家庭医生签约服务满意度较低，对基本医疗保险报销满意度较低，对就医便利程度的满意度存在差别。要提高医疗卫生服务水平，有效实现病有所医愿景，扩大医疗卫生服务供给、提升医疗卫生服务质量是关键举措。

1.继续杜绝不必要的检查和收费，巩固并提升民众满意度

一是法律法规层面，政府应引入或完善相关法律法规，明确不必要的检查和收费的定义、判断标准以及相应的法律责任，包括民事赔偿、行政处罚乃至刑事责任。与此同时，卫生健康行政部门应加强对医疗机构的监督检查，发现问题及时查处，公开曝光典型案例，形成有效震慑；鼓励患者和社会各界对医院开具不必要检查、乱收费行为进行举报，并建立举报奖励机制。

二是医院管理层面，应建立合理详细的检查、收费管理制度，明确各类检查的适应症、禁忌症以及检查频次，明确各类费用的合理性，确保医生在开具检查单和处方时有章可循。在此基础上，实行检查单审核制度，由具有高级职称的医生或科室负责人对检查单、收费单进行复核，确保检查、收费的合理性和必要性。与此同时，可改革医院绩效考核体系，将医生开具的检查单及医院收费单的合理性纳入考核范围，并将考核结果与医院综合改革补助资金挂钩，防止医务人员乱开检查和收费单据。加强医术医德医风建设，通过培训提高医生的对症开具检查和对症下药能力，定期开展医德医风教育活动，提高医生的职业道德水平和社会责任感。

三是患者层面，卫生健康行政部门和医院应设立专门的投诉与反馈渠道，鼓励患者对医院开具不必要的检查和乱收费行为进行投诉与反馈。

2.稳步推进家庭医生签约服务，全方位提升家庭医生服务水平

一是做好突出重点人群家庭医生服务，与老年人、孕产妇、儿童、残疾人、慢性病患者以及脱贫人口、监测对象、五保户、低保户等农村低收入人口签订家庭医生服务协议书，为他们提供建立健康档案、电话咨询、入户随访等服务。对行动不便、失能失智等确有需求的人群，提供上门治疗、随访管理、康复护理等个性化服务。

二是强化技术支撑和资源共享，更好地推进家庭医生签约服务落实。利用信息化手段，搭建或完善家庭医生服务和管理信息系统，实现线上签订协议、健康咨询、慢性病随访、双向转诊等服务。促进资源共享，整合二级以上医院现有的检查检验、消毒供应中心等资源向基层医疗卫生机构开放，实现区域资源共享。

三是提升家庭医生服务质量和绩效。加强培训和管理，定期对家庭医生服务团队进行业务培训和管理考核，提高其专业技能和服务水平。完善绩效考核，建立健全家庭医生签约服务绩效考核机制，将服务质量、居民满意度等作为重要考核指标，并与签约服务费挂钩。提供便捷服务，为签约居民提供在线预约诊疗、候诊提醒、划价缴费、诊疗报告查询、药品配送等便捷服务，增强其获得感和满意度。

3.完善医疗基础设施，提升民众就医便利程度

一是加大医疗基础设施的投入力度，优化布局。政府应持续增加对医疗基础设施建设的投入，并确保医疗资源均衡分布，特别是在经济欠发达的县（市、区），应重点加强基层医疗设施建设，如乡镇卫生院、村卫生室等。同时，优化医疗设施布局，确保医疗服务的可及性和便利性。通过科学规划，合理设置医疗机构，减少患者就医的时间成本。

二是推广信息化服务，以科技助力提升民众就医便利程度。加快医疗信息化建设，推广电子病历、远程医疗、移动医疗等新型服务模式。通过信息化手段，实现医疗服务的便捷化、智能化。例如，继续推进手机 App 预约挂号、查询报告、在线问诊等。

4.完善基本医疗保险报销机制，提升民众满意度

一是优化报销流程。简化报销手续，减少不必要的报销材料和步骤，使报销流程更加简便快捷，如推广电子病历和电子发票，减少纸质材料的提交。提高报销效率，加强医保信息系统的建设，实现医保数据的实时传输和共享，提高报销处理速度。推行即时结算，在定点医疗机构实现医保费用即时结算，减轻患者垫付资金压力，同时加强异地就医结算机制建设，使民众在异地就医时也能享受即时结算的便利。

二是提升服务质量与水平。加强对医疗机构的管理，对定点医疗机构的基本医疗保险报销进行定期检查、评估和监管，防止违规行为发生，同时确保其服务质量和水平符合要求。

三是完善监督机制与反馈渠道。建立健全监督机制，加强对医保报销全过程的监督和管理，确保报销工作的公平、公正和透明，同时建立举报奖励制度，鼓励民众积极参与监督。畅通反馈渠道，让民众能够方便快捷地反映问题和提出建议。同时对反馈的问题及时调查和处理，并向民众反馈处理结果。

五　老有所养满意度评价报告

刘艳文[*]

我国老龄化速度较快，应对人口老龄化任务较重，努力实现老有所养是政府提供基本公共服务的重中之重。2024 年湖南县域老有所养要素满意度平均得分为 66.22 分，在参与评估的十项公共服务要素中排名第八，属于满意度排名相对靠后的公共服务要素。

（一）县域比较

2024 年湖南省县（市、区）基本公共服务十项要素平均得分为 68.99 分，其中老有所养要素满意度得分为 66.22 分，在公共服务十项要素中排名靠后，表明湖南省公共服务在养老服务方面仍存在一定问题，提升空间较大。全省县域老有所养要素满意度得分整体分布情况见表 6。靠前的县域得分区间是 75.87~85.48 分；相对靠前的

---

* 刘艳文，副研究员，社会学硕士，研究方向为人口与社会发展。

表6 2024年湖南省县域老有所养要素满意度得分情况

单位：分

县域	得分	县域	得分	县域	得分
芙蓉区	80.80	洞口县	62.52	桂阳县	56.00
天心区	82.36	绥宁县	61.26	宜章县	59.60
岳麓区	80.41	新宁县	59.55	永兴县	66.15
开福区	82.65	城步县	70.93	嘉禾县	54.61
雨花区	84.41	武冈市	55.33	临武县	54.76
望城区	77.98	邵东市	60.40	汝城县	58.01
长沙县	75.75	岳阳楼区	65.55	桂东县	70.62
浏阳市	74.32	云溪区	60.58	安仁县	58.57
宁乡市	64.10	君山区	69.18	资兴市	53.07
荷塘区	63.15	岳阳县	69.81	零陵区	64.20
芦淞区	83.35	华容县	69.28	冷水滩区	61.38
石峰区	76.45	湘阴县	73.14	祁阳市	52.95
天元区	78.75	平江县	63.82	东安县	82.33
渌口区	61.32	汨罗市	58.91	双牌县	69.07
攸县	66.60	临湘市	52.07	道县	62.76
茶陵县	69.83	武陵区	67.64	江永县	58.28
炎陵县	71.01	鼎城区	69.56	宁远县	59.90
醴陵市	62.57	安乡县	69.16	蓝山县	71.02
雨湖区	83.13	汉寿县	76.29	新田县	63.89
岳塘区	81.80	澧县	70.17	江华县	64.50
湘潭县	81.08	临澧县	61.87	鹤城区	67.79
湘乡市	85.48	桃源县	64.91	中方县	64.00
韶山市	63.45	石门县	62.80	沅陵县	50.18
珠晖区	60.55	津市市	65.43	辰溪县	60.51
雁峰区	61.81	永定区	65.25	溆浦县	67.44
石鼓区	77.02	武陵源区	67.04	会同县	51.54
蒸湘区	82.98	慈利县	66.48	麻阳县	61.45
南岳区	64.98	桑植县	57.43	新晃县	58.60
衡阳县	53.90	资阳区	66.45	芷江县	53.00
衡南县	60.58	赫山区	61.63	靖州县	52.98
衡山县	63.94	南县	61.89	通道县	66.99
衡东县	67.17	桃江县	67.71	洪江市	57.11
祁东县	58.60	安化县	63.33	吉首市	69.47
耒阳市	61.07	沅江市	45.38	泸溪县	63.72
常宁市	46.09	娄星区	62.43	凤凰县	57.16
双清区	67.59	双峰县	75.87	花垣县	60.68
大祥区	68.52	新化县	78.32	保靖县	66.05
北塔区	67.97	冷水江市	73.90	古丈县	61.42
新邵县	76.04	涟源市	63.40	永顺县	60.65
邵阳县	72.22	北湖区	57.51	龙山县	58.20
隆回县	66.70	苏仙区	63.56		

全省满意度平均值为66.22

县域得分区间是 66.60~75.75 分；水平居中的县域得分区间是 63.40~66.48 分；相对靠后的县域得分区间是 58.60~63.33 分；靠后的县域得分区间是 45.38~58.57 分。2024 年该要素满意度得分靠前的县域有（按拼音排序）：东安县、芙蓉区、汉寿县、开福区、芦淞区、石峰区、石鼓区、双峰县、天心区、天元区、望城区、湘潭县、湘乡市、新化县、新邵县、雨湖区、雨花区、岳麓区、岳塘区和蒸湘区。在全省 122 个县（市、区）中，该要素最高得分为 85.48 分，最低得分为 45.38 分，最高分与最低分之间相差 40.1 分，充分说明全省县域之间的养老服务发展存在较明显差异，部分县域的养老服务水平亟待提升。在全省 122 个县（市、区）中，52 个县域在该项要素的得分超过全省县域平均水平，占比 42.62%，超过 60 分的县（市、区）有 94 个，占比 77.05%，多数县域养老服务处于中等水平。以地市（州）为单位来看全省县域老有所养要素满意度，有 5 个地区在该项要素的县域平均得分超过全省 14 个地区的平均水平，占比 35.71%。在全省 14 个地区中，平均值最高分为 78.99 分，平均值最低分为 59.30 分，最高分与最低分之间相差 19.69 分，表明全省地区间的养老服务供给水平非均衡发展特征较为明显，部分地区县域的养老服务水平需要下大力气提升。

（二）结果分析

第一，全省县域老有所养满意度普遍偏低，养老服务建设水平和能力有待提升。老有所养要素满意度得分超过 80 分的县（市、区）有 12 个，占比 9.84%，比例偏低；得分在 70~80 分的有 18 个，占比 14.75%；得分在 60~70 分的有 64 个，占比 52.46%；得分在 60 分以下的有 28 个，占比 22.95%，比例偏高。这表明当前湖南省养老服务水平尚无法较好地满足人民群众多层次多样化的需求，加强养老服务建设是下一阶段政府工作的重点。

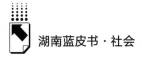
第二，市辖区的老有所养满意度普遍较高，而县和县级市的养老服务供给水平有待加强。从老有所养满意度排名靠前的 20 个县（市、区）来看，高频出现的为市辖区，包括芙蓉区、开福区、芦淞区、石峰区、天心区、天元区、望城区、武陵区、雨湖区、雨花区、岳麓区、岳塘区、蒸湘区，总计有 13 个，占比 65%，县和县级市 7 个，占比 35%。

（三）结论与建议

湖南省人口老龄化程度位居全国第 11 位，老年人口基数大、增速快，高龄化和空巢化突出，人口老龄化超前于经济社会发展水平，"未富先老""未备先老"特点鲜明。2023 年以来，湖南省持续推动县级失能失智集中照护机构、区域性中心敬老院和乡镇综合性养老服务中心建设，为失能老年人提供分层分类照护服务。同时，支持农村特困人员供养服务机构提质升级，加快推动乡镇医养结合型养老服务机构建设，为农村老年人提供家门口的全托、日托、康复训练、基础诊疗等服务，努力满足失能老年人的刚性照护需求。尽管如此，从 122 个县（市、区）老有所养要素满意度的得分结果来看，养老服务水平还需进一步提高，老有所养要素保障能力和养老服务供给效率还有提升空间。提高养老服务满意度，有效解决老年人安享晚年的美好愿望与养老服务供给不平衡不充分之间的矛盾，扩大养老服务供给、提升养老服务质量是关键举措。

1.探索以城带乡机制，促进养老服务公平协调发展

解决养老服务区域不平衡、城乡不平衡是促进新时代养老服务走向高质量发展的前提条件。全省要树立养老服务公平协调发展理念，统筹规划城乡养老问题，尤其是要加强对农村地区的实地调研和资源考察，加大对农村养老的扶持和优惠力度，努力将城市中积累的行之有效的经验，因地制宜地转化到农村的服务实践中，形成以城带乡、城乡合作的良好互动机制。积极探索将长株潭等养老服务较发达地区的先进理念、技术和产品等，通过人员培训、经验分享与物资配送等方式传递给大湘西地区和农村地区，逐步提升后者的养老服务水平，让全省老龄人口共享社会发展红利。

2. 优化存量资源配置，推进智慧养老规范化建设

在硬件资源方面，积极探索采用闲置房屋改造的方式来优化养老服务资源空间配置，有效解决资金、用地短缺问题，缩短建设周期，让老年人能更快、更便捷、更低价地享受服务。在人力资源方面，要充分利用志愿者资源、活力老人资源，发展养老服务专用"时间银行"，调动全社会参与养老服务的积极性。在养老模式方面，积极创新智慧居家养老，运用互联网整合养老服务信息，并通过云计算精准匹配供需，节约人们寻求服务的时间和精力成本，让人工智能助力老年人健康生活。在养老服务治理方面，加强机构和从业人员养老服务递送过程的规范化建设，让服务有规可循，减少任意性所造成的养老资源浪费。

3. 重视需求评估环节，创建分层分类服务供给体系

做好服务对象的需求评估，是一切服务开展的基础性工作，是提升养老服务供给效率的必然选择。唯有细致地了解老年人的身体、心理、社会等多方面特征，才能提供最为适切的服务，提高人民群众对养老服务供给水平的满意度。因此，政府、企业和社会组织均要在老年人能力和需求评估方面加大人力、时间投入比重，进而在扎实调研的基础上结合自身资源来明确服务目标与服务定位，尤其是要将主客观服务质量评估有机结合起来。当老年群体不同维度、不同层次的需要可以在不同供给主体处得到满足时，分层分类的高质量服务供给体系便得以构建起来。

4. 健全养老服务标准，建立科学的质量督查机制

居家社区养老将是未来养老服务体系建设中的基础，但是我国居家社区养老标准化建设明显滞后于实践，湖南亦是如此。因此，健全居家社区养老服务标准对于养老服务高质量发展具有更为重要的意义。要积极学习和借鉴北京、江苏、广东等地的典型经验，尽快出台全省层面的居家养老服务标准，建立养老服务机构和组织的等级认证制度，并加强监督审查，秉持公正的态度奖优罚劣，促进养老服务行业规范健康发展。

5.统筹多方主体力量，构建养老服务共同体

促进养老服务供给主体的多元化，已经是全社会的共识。但在越来越多主体进入养老服务领域的同时，如何有效地建立起各方的合作关系、达成优势互补的"1+1>2"的嵌合成效，是高质量发展阶段需要仔细思考的问题。一方面，需要在制度上搭建桥梁，例如在社区中完善政府购买服务流程，由社区提供资源支持社会组织和专业社会工作者开展助老服务，提升基层服务水平；另一方面，可以在模式上进行创新优化，例如建设一站式家庭综合中心、打造"15分钟便民养老服务圈"，将辖区内的商业主体、政务主体等有机整合，合力构建养老服务共同体。

六　住有所居满意度评价报告

李海兵[*]

实现"住有所居"是党中央和各级党委、政府为广大人民群众提供的重要基本公共服务之一。党的十八大以来，得益于国家逐步建立健全基本住房保障制度，不断加大保障性安居工程建设力度，全省各县（市、区）紧跟国家与湖南工作部署，全面推动了保障性住房、公共租赁住房、城镇棚户区住房改造、城乡危房改造工作，城镇居民基本住房问题和困难群众住房安全问题得到较好的解决。但是，2024年，

---

[*] 李海兵，助理研究员，哲学硕士，研究方向就业创业、基层社会治理等。

全省住有所居要素满意度平均得分为 64.74 分，比全省十项公共服务要素满意度平均得分（68.99 分）低 4.25 分，在参与评估的十项公共服务要素中排名第九，这表明在住有所居方面居民满意度还有待提升。

（一）区县比较

在 2024 年的住有所居要素满意度调查中，全省 122 个县（市、区）平均得分为 64.74 分，在公共服务十项要素中排名靠后。按照五个等级划分，全省排名靠前的县域得分区间是 84.34~74.62 分；相对靠前的县域得分区间是 74.59~65.32 分；排名居中的县域得分区间是 65.31~61.79 分；相对靠后的县域得分区间是 61.78~56.64 分；排名靠后的县域得分区间是 56.51~45.52 分，全省县域住有所居要素满意度得分整体分布情况见表 7。其中最高分为 84.34 分，最低分为 45.52 分，最高分与最低分之间相差 38.82 分，说明县域之间的公共住房发展存在较大差异。全省县域该要素满意度得分超过平均值的有 53 个，占比 43.4%；低于平均值的有 69 个，占比 56.6%。2024 年住有所居要素满意度得分靠前的县域有（按拼音排序）：长沙县、东安县、芙蓉区、汉寿县、开福区、冷水江市、芦淞区、石峰区、石鼓区、双峰县、天心区、天元区、湘潭县、湘乡市、新化县、雨湖区、雨花区、岳麓区、岳塘区以及蒸湘区。总体来看，住有所居要素满意度市辖区要比县级市和县高。排名靠前的 20 个县（市、区）中，有 12 个区、2 个市、6 个县；在全省 36 个市辖区中，有 31 个区满意度得分在 60 分以上，占比 86.1%；得分在 60 分以下的县域有 40 个，其中有 35 个县（市），占比高达 87.5%，可见住有所居要素满意度市辖区明显高于县（市）。经济发展好的地区满意度相对高于欠发达地区，在排名靠前的 20 个县域中，有 13 个属于长株潭三市，占了将近 2/3，其余 7 个分属于全省其他 11 个市州；排名靠后的 20 个县域中，只有醴陵市属于长株潭地区，其余 19 个都是来自长株潭之外的市州。

表7 2024年湖南省县域住有所居要素满意度得分情况一览

单位：分

县域	得分	县域	得分	县域	得分
芙蓉区	78.75	洞口县	62.91	桂阳县	55.86
天心区	78.95	绥宁县	61.63	宜章县	58.29
岳麓区	77.37	新宁县	58.87	永兴县	65.31
开福区	82.92	城步县	68.50	嘉禾县	57.53
雨花区	82.17	武冈市	56.64	临武县	54.16
望城区	74.59	邵东市	54.03	汝城县	59.34
长沙县	76.02	岳阳楼区	63.06	桂东县	66.37
浏阳市	70.63	云溪区	58.99	安仁县	56.18
宁乡市	59.25	君山区	66.14	资兴市	47.43
荷塘区	61.04	岳阳县	67.63	零陵区	57.83
芦淞区	77.10	华容县	65.61	冷水滩区	66.99
石峰区	76.20	湘阴县	70.33	祁阳市	51.34
天元区	77.03	平江县	63.73	东安县	80.41
渌口区	64.53	汨罗市	56.51	双牌县	65.82
攸县	63.52	临湘市	54.71	道县	61.62
茶陵县	65.87	武陵区	73.85	江永县	61.20
炎陵县	63.24	鼎城区	66.53	宁远县	60.25
醴陵市	53.40	安乡县	66.69	蓝山县	71.05
雨湖区	84.34	汉寿县	74.62	新田县	65.39
岳塘区	80.76	澧县	65.98	江华县	65.31
湘潭县	76.42	临澧县	57.22	鹤城区	67.61
湘乡市	83.51	桃源县	62.94	中方县	66.37
韶山市	63.71	石门县	61.37	沅陵县	54.71
珠晖区	61.10	津市市	65.32	辰溪县	60.41
雁峰区	62.56	永定区	69.06	溆浦县	63.50
石鼓区	78.42	武陵源区	59.07	会同县	53.96
蒸湘区	81.38	慈利县	65.68	麻阳县	59.69
南岳区	58.14	桑植县	56.08	新晃县	50.52
衡阳县	51.95	资阳区	63.26	芷江县	51.11
衡南县	61.39	赫山区	60.90	靖州县	53.26
衡山县	58.27	南县	62.01	通道县	69.32
衡东县	68.54	桃江县	64.38	洪江市	53.41
祁东县	59.92	安化县	60.79	吉首市	65.98
耒阳市	54.67	沅江市	45.52	泸溪县	59.63
常宁市	47.44	娄星区	63.85	凤凰县	57.23
双清区	65.05	双峰县	80.14	花垣县	61.78
大祥区	64.51	新化县	78.59	保靖县	68.33
北塔区	66.19	冷水江市	75.34	古丈县	54.09
新邵县	72.77	涟源市	62.15	永顺县	58.31
邵阳县	66.97	北湖区	55.30	龙山县	58.19
隆回县	67.81	苏仙区	61.79		

全省满意度平均值为64.74

（二）结果分析

2024年，湖南省住有所居要素满意度得分超过80分的县（市、区）有8个，得分最高的为84.34分，全省得分高的县域占比6.6%，比例偏低；得分在70~80分的有18个，占比14.8%；得分在60~70分的有56个，占比45.9%，说明多数县域处于中等水平；得分在60分以下的有40个，占比32.8%，其中有3个满意度得分低于50分。尽管全省住有所居满意度得分高于60分的县域占比67.3%，但全省仍有近1/3的县（市、区）得分在60分以下，且该要素满意度得分平均值在公共服务十项要素中排第九，表明湖南省在住有所居方面仍存在一些问题，现阶段的服务与公众的期待还有一定差距。究其原因，一是申请门槛与分配机制问题，保障性住房申请门槛高可能导致部分真正需要住房保障的家庭难以获得帮助；分配过程中的不透明和不公正可能导致公众对住有所居服务的信任度降低。二是政策实施与后期管理问题，后期维护管理相对滞后，导致已建成的保障性住房在居住条件、配套设施等方面无法满足居民需求。三是配套设施与居住环境问题，由于部分保障性住房建设年代较早或管理不善，存在居住环境差、安全隐患多等问题，影响居民的居住体验和满意度。对此，全省需要继续完善公共住房的相关政策，解决上述问题，使居民对住有所居的需求能够得到满足。

（三）结论与建议

"住有所居"是一个重要的公共服务目标，旨在确保每个人都有适当的居住条件，无论其经济状况、社会地位如何。这一理念体现了社会公平、正义和包容的核心价值。在实现"住有所居"的过程中，政府和社会各界需要共同努力，采取多种措施来保障人民的居住

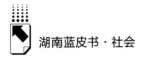

权益。

1. 多渠道增加公共住房供给量

维护社会的和谐与安定，就要保证居民"住有所居"。为此，各级政府应加大力度建设公租房、廉租房等保障性住房。通过深化住房制度改革，完善住房供应体系，实现住房市场的多元化、多层次发展，包括鼓励房地产开发企业建设满足不同需求的住房产品，如普通商品房、改善型住房、养老地产等。公共住房要以低于市场价的价格或租金出租或出售，帮助公众解决住房困难；同时也要推动城市棚户区和老旧小区改造，以满足低收入群体和特殊困难群体的住房需求。提高公共住房的分配效率，对申请公共住房的居民进行切实有效的审核，同时分配制度和分配流程也要保证"公平、公正、公开"，确保公共住房能够快速地被分配到真正的中低收入家庭手中。

2. 完善公共住房基础设施

在规划阶段，应充分考虑公共住房的地理位置、交通便利性、周边配套设施等因素，加强与周边社区、交通、教育、医疗等资源的有效衔接，确保公共住房的宜居性。坚持绿色生态设计理念，采用绿色建筑标准，注重节能、节水、环保材料的使用，增加绿化面积，打造宜居生态环境。坚持无障碍设计，确保所有公共住房及配套设施均符合无障碍标准，方便老年人、残疾人等特殊群体的生活需求。加强公共住房周边的交通网络建设，包括公共交通站点、道路拓宽、步行道和自行车道等，方便居民出行。确保供水、供电、供气等基础设施的稳定供应，并进行定期维护和检修，防止因基础设施故障影响居民生活。提供高速、稳定的互联网接入服务，满足居民学习、工作、娱乐等多元化需求。推进老旧小区改造工作，通过加装电梯、改善排水、绿化美化等措施，提升老旧小区的整体面貌和居住舒适度。

3. 提升公共住房配套服务水平

建设和完善公共住房周边的教育、医疗、商业等配套设施，方便居民生活。引入优质教育资源，提高公共住房区域的教育水平；加强医疗设施建设，提升医疗服务能力。制定和完善公共住房后期管理的相关制度和政策，明确管理责任和管理标准；建立定期检查和维护机制，确保住房设施的正常运行和良好状态。引入第三方管理，政府可以聘任专业的第三方市场管理企业负责公共住房的运营管理工作，发挥市场机制的优势作用。第三方管理机构应具备专业的管理能力和丰富的管理经验，能够为居民提供优质的服务。加强与居民的沟通和交流，了解居民的需求和意见，及时调整管理策略和服务内容。组织居民参与住房管理活动，如志愿服务、环境维护等，增强居民的归属感和责任感。

4. 完善公共住房管理机制

公共住房建设是实现全体公民"住有所居"的好事，但要把好事进一步办好，真正使住房困难群众受益，还必须加强管理，在政策制定、资源配置、运营管理、监督评估等方面建立规范机制，实现公共住房资源的公平善用。一是完善政策法规，建立健全公共住房管理的法律法规体系，明确各类公共住房的产权归属、使用规则、退出机制等，为管理提供法律保障。二是建立信息化管理系统，利用现代信息技术手段，建立公共住房信息化管理系统，实现房源信息、申请审核、分配入住、租金收缴等全流程线上管理，提高管理效率。三是建立监督机制，加强对公共住房使用情况的动态监管，定期核查承租人的经济状况、住房状况等信息，确保公共资源得到合理利用；加大信息公开力度，将公共住房管理的相关政策、流程、结果等信息及时向社会公开，接受公众监督。

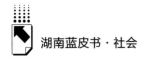

七　弱有所扶满意度评价报告

周　恒[*]

社会救助事关困难群众基本生活和衣食冷暖，是保障基本民生、促进社会公平、维护社会稳定的兜底性、基础性制度安排，也是集中体现我们党全心全意为人民服务根本宗旨和中国特色社会主义制度优越性的民心事业。习近平总书记十分重视社会救助事业高质量发展，明确指出，"对困难群众，我们要格外关注、格外关爱、格外关心"[①]，"社会政策要兜住兜牢民生底线"[②]。2024 年湖南全省 122 县（市、区）基本公共服务十项要素满意度平均得分为 68.99 分，其中弱有所扶要素满意度平均得分为 72.23 分，在基本公共服务各要素评分中排名第一，说明受访群众整体对湖南省社会救助事业满意度较高。

（一）县域比较

全省县域弱有所扶要素满意度得分整体分布情况见表 8。靠前的县域得分区间是 80.50～85.85 分；相对靠前的县域得分区间是 73.25～79.98 分；水平居中的县域得分区间是 70.31～73.24 分；相对靠后的县域得分区间是 64.70～70.18 分；靠后的县域得分区间是 55.89～64.38 分。2024 年该要素满意度得分靠前的县域有（按拼音排序）：安乡县、常宁市、东安县、衡东县、衡南县、汉寿县、开福

---

*　周恒，助理研究员，法学博士，研究方向为知识产权法。

①　《习近平系列重要讲话读本：让老百姓过上好日子》，《人民日报》2014 年 7 月 10 日。

②　中共民政部党组：《加快推进社会救助事业高质量发展》，《求是》2022 年第 8 期。

表8   2024 年湖南省县域弱有所扶要素满意度得分情况一览

单位：分

县域	得分	县域	得分	县域	得分
芙蓉区	79.69	洞口县	71.98	桂阳县	69.52
天心区	82.94	绥宁县	73.68	宜章县	70.54
岳麓区	80.50	新宁县	68.20	永兴县	69.77
开福区	82.15	城步县	70.80	嘉禾县	65.57
雨花区	82.31	武冈市	59.21	临武县	71.33
望城区	83.61	邵东市	62.01	汝城县	77.55
长沙县	75.83	岳阳楼区	68.08	桂东县	74.54
浏阳市	76.97	云溪区	63.98	安仁县	69.01
宁乡市	72.33	君山区	73.15	资兴市	73.24
荷塘区	66.90	岳阳县	69.05	零陵区	63.74
芦淞区	81.21	华容县	74.62	冷水滩区	67.05
石峰区	77.51	湘阴县	83.02	祁阳市	55.89
天元区	81.65	平江县	70.31	东安县	83.05
渌口区	63.76	汨罗市	63.63	双牌县	70.18
攸县	69.42	临湘市	57.18	道县	67.33
茶陵县	67.95	武陵区	81.24	江永县	64.70
炎陵县	68.68	鼎城区	79.13	宁远县	59.46
醴陵市	68.04	安乡县	80.95	蓝山县	71.97
雨湖区	82.57	汉寿县	82.99	新田县	65.80
岳塘区	84.54	澧县	74.53	江华县	62.72
湘潭县	78.23	临澧县	77.96	鹤城区	68.46
湘乡市	85.85	桃源县	79.02	中方县	74.38
韶山市	72.79	石门县	74.11	沅陵县	69.99
珠晖区	68.84	津市市	71.20	辰溪县	67.03
雁峰区	66.07	永定区	68.44	溆浦县	68.21
石鼓区	77.85	武陵源区	79.98	会同县	72.65
蒸湘区	81.58	慈利县	68.94	麻阳县	63.48
南岳区	70.43	桑植县	68.21	新晃县	70.67
衡阳县	77.72	资阳区	70.63	芷江县	75.93
衡南县	80.96	赫山区	67.46	靖州县	74.04
衡山县	71.25	南县	72.99	通道县	73.52
衡东县	83.48	桃江县	70.18	洪江市	60.79
祁东县	63.51	安化县	63.44	吉首市	74.51
耒阳市	63.27	沅江市	81.14	泸溪县	63.37
常宁市	82.18	娄星区	76.55	凤凰县	58.33
双清区	75.17	双峰县	79.95	花垣县	64.38
大祥区	69.99	新化县	77.95	保靖县	69.08
北塔区	70.64	冷水江市	74.51	古丈县	59.71
新邵县	76.53	涟源市	73.35	永顺县	60.87
邵阳县	77.23	北湖区	64.09	龙山县	59.63
隆回县	72.15	苏仙区	71.13		

全省满意度平均值为 72.23

区、芦淞区、天心区、天元区、望城区、武陵区、湘乡市、湘阴县、岳塘市、岳麓区、雨湖区、雨花区、沅江市、蒸湘区。在全省122个县（市、区）中，该要素最高分为85.85分，最低分为55.89分，最高分与最低分之间相差达29.96分，表明全省县域之间的社会救助事业公共服务水平发展差异相对较大，部分县域的社会救助事业公共服务水平亟待提升。在全省122个县（市、区）中，有55个县域在该项要素的得分超过全省县域平均水平，占比45.08%，超过65分的县（市、区）有99个，占比81.15%，表明湖南省县域社会救助公共服务整体水平尚可。在全省122个县（市、区）中，有56个县域在该项的得分超过全省县域平均水平，占比为45.9%，以上数据说明县域群众对于当地政府所提供的社会救助服务满意度差异较大，部分县域应在社会救助公共服务水平方面下更多功夫。

（二）结果分析

第一，群众整体上对湖南省各县域社会救助事业公共服务水平相对满意，但还存在较大进步空间。弱有所扶要素满意度平均得分为72.23分，在基本公共服务各要素评分中排名第一；得分超过60分的县域达到115个，占比达到94.3%。以上两项数据说明在社会救助事业公共服务方面，群众的满意度、获得感是比较强的。同时，我们还应注意，超过80分的县域有20个，占比仅有16.4%，因此大部分的县域在社会救助事业公共服务方面还有较大的进步空间。

第二，湖南省县域社会救助公共服务整体发展呈现不均衡态势。湘西、湘南地区社会救助事业服务满意度水平整体与湘东北、湘中地区差距明显。我们仍需继续努力推动湖南省社会救助事业服务水平均衡化发展，采取措施鼓励经济发达的湘东北地区、湘中地区县域对湘西地区、湘南地区社会救助公共服务水平相对低的县域进行对口指导、支援，提升地方政府对社会救助事业的支持力度，以更好地满足群众对"弱有所扶"的预期。

（三）结论与建议

习近平总书记强调，保障和改善民生没有终点，只有连续不断的新起点，要采取针对性更强、覆盖面更广、作用更直接、效果更明显的举措，实实在在帮群众解难题、为群众增福祉、让群众享公平。[①] 我们要以更高的站位、更大的力度、更实的举措持续推进社会救助制度改革，加快推进社会救助事业高质量发展，切实保障好困难群众基本生活，不断增强人民群众获得感、幸福感、安全感。具体而言，应从以下几方面推进湖南省社会救助事业发展。

1. 提升信息化主动服务水平

习近平总书记指出，要针对特困人员的特点和需求精准施策，按时足额发放各类救助金，强化临时救助，确保兜住底、兜准底、兜好底。"精准"二字实际上就是要求科学精准地做好社会救助兜底保障和特殊困难群体关爱服务工作，这就离不开对信息化手段的运用，确保社会救助事业从"人找政策"向"政策找人"转变。

大数据技术的综合应用能够有效提高社会救助工作的主动性。通过对居民经济状况、健康状况、生活条件等各类数据的收集和分析，提前发现潜在的救助对象，做到主动识别和精准施助。通过与税务、银行、医疗机构等多个部门的数据共享，准确评估居民的生活水平，提前介入需要帮助的群体，避免贫困问题恶化。

全面推动"互联网+社会救助"服务模式，落实长沙市"救助

---

① 《习近平春节前夕赴江西看望慰问广大群众》，《人民日报》2010 年 2 月 4 日版。

通"经验的推广应用,为救助对象提供更加便捷的申请、审核、发放等一站式服务。同时,设置在线咨询和服务监督平台,及时回应群众的救助需求,提升救助工作的透明度和服务满意度。

加强基层工作人员信息化技能培训。许多基层单位的社会救助工作人员缺乏必要的技术支持,导致信息化服务难以落地。各级地方政府可以通过培训和配备先进的信息设备,确保信息化服务能在基层全面推行。

2. 推进区域均衡发展

习近平总书记曾指出,我国"(社会保障事业)区域不平衡的问题还没有从根本上解决"。[①] 湖南省的社会救助服务水平在不同地区存在较大差异,尤其是经济欠发达地区的社会救助资源不足,服务能力较为薄弱,调研显示人民群众满意度不高,推进区域均衡发展是提高全省社会救助服务水平的关键。

应充分领会省民政厅《困难群众救助资金监督检查办法》第6条关于"补助资金应采取因素法分配""补助资金继续给予适当倾斜"的有关精神,并切实摸索有效的工作办法,确保保障任务重、财政困难大、工作绩效好的地区的居民也能享受到与经济发达市区居民同等质量的社会救助服务。

建立跨地区的合作机制,通过与经济发达地区的技术、经验和资源共享,帮助落后地区提升社会救助服务水平。例如,湘东经济发达地区的救助机构可以与湘南、湘西地区的相关部门建立帮扶关系,通过定期的培训、交流,提升农村地区的救助能力和服务意识。

加快推进农村地区的公共服务基础设施建设,尤其是救助服务站

---

① 习近平:《促进我国社会保障事业高质量发展、可持续发展》,《求是》2022年第4期。

点、信息服务终端等，确保每个农村地区的居民都能方便、及时地享受到救助服务。

3. 强化社会救助资金监管

习近平总书记在二十届中央纪委三次全会上强调，惩治"蝇贪蚁腐"，让群众有更多获得感。社会救助资金是保障社会救助事业顺利开展的关键，各级地方政府应进一步加强对社会救助资金的监管，确保资金使用的透明、规范和高效，以增强公众对救助体系的信任感。

全面落实民政部《2024年社会救助领域群众身边腐败和作风问题综合治理工作要点》（民办函〔2024〕21号）、省民政厅《困难群众救助资金监督检查办法》（湘民发〔2024〕35号）等有关文件精神，建立全方位、多层次的资金监管机制，增强事前、事中和事后的全程监管，坚持用制度管人管事管权，持续深化巡视及内部巡视巡察、审计、监督执纪发现问题整改，举一反三，堵塞漏洞，形成严密完整的内部监管体制机制。

此外，还应运用信息化、大数据手段对救助对象展开全程跟踪，通过加强对救助对象的动态管理，定期审核、更新，确保救助对象的实际需求与救助资金匹配；建立救助对象的电子档案，及时掌握救助对象的生活状况，避免救助资金的浪费和流失。

八　文体服务满意度评价报告

周　恒*

文体事业是政府提供公共服务的重要组成部分，不仅具有丰富人民群众文化生活、营造共同精神家园的重要作用，更具有凝聚社会主

* 周恒，助理研究员，法学博士，研究方向为知识产权法。

义核心价值观、强身铸魂的重要意义。2024 年湖南全省 122 个县（市、区）基本公共服务十项要素满意度平均得分为 68.99 分，其中文体服务要素满意度平均得分为 68.87 分，与总体满意度平均得分接近。

（一）县域比较

2024 年全省县域文体服务要素满意度得分整体分布情况见表 9。靠前的县域得分区间是 78.50～85.97 分；相对靠前的县域得分区间是 69.37～77.85 分；水平居中的县域得分区间是 66.22～68.89；相对靠后的县域得分区间是 61.47～66.13 分；靠后的县域得分区间是 52.80～61.35 分。2024 年该要素满意度得分靠前的县域有（按拼音排序）：长沙县、东安县、芙蓉区、汉寿县、开福区、芦淞区、石峰区、石鼓区、双峰县、天心区、天元区、望城区、湘潭县、湘乡市、新化县、岳麓区、岳塘区、雨湖区、雨花区、蒸湘。在全省 122 个县（市、区）中，该要素最高得分为 85.97 分，最低得分为 52.80 分，最高分与最低分之间相差 33.17 分，表明全省县域之间的公共文体服务水平发展差异较大，部分县域的公共文体服务水平亟待提升。在全省 122 个县（市、区）中，有 51 个县域在该项的得分超过全省县域平均水平，占比仅为 41.8%，以上数据说明县域之间群众对于当地政府所提供的文体服务满意度差异较大，部分县域需在文体服务方面下更多功夫。此外，经济发展好的地区满意度相对高于欠发达地区，在排名靠前的县（市、区）中，有 15 个属于长株潭三市，占 75%；排名靠后的县域中，没有一个县（市、区）属于长株潭地区，均来自长株潭之外的 11 个市州。

表9 2024年湖南省县域文体服务要素满意度得分情况

单位：分

县域	得分	县域	得分	县域	得分
芙蓉区	81.78	洞口县	65.15	桂阳县	65.34
天心区	82.85	绥宁县	65.30	宜章县	63.84
岳麓区	80.13	新宁县	66.40	永兴县	71.11
开福区	82.33	城步县	74.68	嘉禾县	53.85
雨花区	83.90	武冈市	57.98	临武县	65.12
望城区	79.59	邵东市	62.56	汝城县	66.86
长沙县	80.19	岳阳楼区	65.92	桂东县	71.99
浏阳市	77.85	云溪区	62.06	安仁县	63.21
宁乡市	73.02	君山区	71.08	资兴市	61.07
荷塘区	72.73	岳阳县	70.57	零陵区	61.35
芦淞区	83.79	华容县	74.05	冷水滩区	67.01
石峰区	79.10	湘阴县	76.17	祁阳市	54.40
天元区	79.62	平江县	64.41	东安县	79.91
渌口区	72.56	汨罗市	57.17	双牌县	69.54
攸县	71.36	临湘市	54.78	道县	67.33
茶陵县	67.21	武陵区	69.37	江永县	62.70
炎陵县	66.36	鼎城区	70.14	宁远县	62.83
醴陵市	70.16	安乡县	69.62	蓝山县	75.52
雨湖区	85.20	汉寿县	79.53	新田县	68.63
岳塘区	85.97	澧县	71.74	江华县	64.36
湘潭县	81.41	临澧县	63.35	鹤城区	67.09
湘乡市	84.72	桃源县	71.19	中方县	64.70
韶山市	71.29	石门县	62.74	沅陵县	52.80
珠晖区	64.79	津市市	66.50	辰溪县	61.73
雁峰区	65.96	永定区	66.22	溆浦县	66.72
石鼓区	80.48	武陵源区	62.44	会同县	53.64
蒸湘区	78.50	慈利县	66.13	麻阳县	60.14
南岳区	68.80	桑植县	59.73	新晃县	57.74
衡阳县	67.10	资阳区	68.12	芷江县	55.55
衡南县	68.89	赫山区	62.75	靖州县	55.12
衡山县	66.76	南县	64.90	通道县	64.67
衡东县	74.28	桃江县	71.14	洪江市	59.87
祁东县	61.47	安化县	67.63	吉首市	71.61
耒阳市	60.71	沅江市	54.37	泸溪县	63.10
常宁市	56.37	娄星区	65.94	凤凰县	60.44
双清区	75.40	双峰县	83.60	花垣县	66.08
大祥区	71.27	新化县	82.52	保靖县	67.24
北塔区	68.09	冷水江市	74.38	古丈县	57.62
新邵县	74.45	涟源市	66.87	永顺县	63.44
邵阳县	75.96	北湖区	59.76	龙山县	60.27
隆回县	70.20	苏仙区	64.56		

全省满意度平均值为68.87

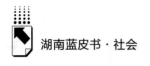

（二）结果分析

第一，群众整体上对湖南省各县域文体服务水平基本满意但还存在较大进步空间。2024年，全省122个县（市、区）文体服务要素满意度得分均值为68.87分，在公共服务十项要素中排名第六。得分超过60分的县域达到106个，占比达到87%；但超过80分的县域仅有14个，占比仅有11%。说明人民群众对湖南省地方政府公共文体服务水平还是基本认可的，但是大部分县域的文体服务水平距离群众要求可能还存在一定差距。

第二，湖南省县域文体服务整体发展呈现不均衡态势。湘西、湘南地区文体服务满意度水平与湘东北、湘中地区差距明显；部分经济发达地区的县（市、区）文体服务满意度水平偏低，与该地经济发展水平不相称。我们仍需继续加大投入，努力推动湖南省文体服务水平均衡化发展，采取办法鼓励文体服务先进县域对落后县域开展包括经验指导、对口支援在内的各种帮扶措施，深化改革，以更好地满足人民群众对地方政府公共文体服务的预期。

（三）结论与建议

党的二十大报告提出，实施国家文化数字化战略，健全现代公共文化服务体系，创新实施文化惠民工程。新时代新征程，我们要深入学习贯彻习近平文化思想，进一步提升公共文化服务水平，推动公共文化服务高质量发展，让人民享有更加充实、更为丰富、更高质量的精神文化生活，为全面建设社会主义现代化国家、全面推进中华民族伟大复兴提供强大的精神动力和文化支撑。具体而言，我们应从以下几方面推动湖南省公共文化服务事业发展。

1.坚持正确价值导向

在提升湖南省文体服务水平的过程中，坚持正确导向是首要原则。文体服务是党和政府服务民生、提升国民文化素质的重要手段，它关系到社会的和谐稳定与人民的幸福感。要通过宣传正确的价值观念、引导群众积极参与文体活动，确保文体服务始终为社会发展、人民福祉服务。

文体服务应以社会主义核心价值观为引领。文体活动不仅仅是娱乐或休闲，更是传播和弘扬正能量的有效途径。通过体育赛事、文艺演出等形式，将爱国主义、集体主义、社会责任感等价值观融入其中，潜移默化地影响群众，增强全社会的文化自信和民族凝聚力。各县（市、区）可以通过加强对文化体育内容的引导，使其符合主流价值观，推动全民参与积极向上的文体活动，形成良好的社会风尚。

文体服务应结合地方文化特色，提升文化认同感。湖南各县（市、区）有着丰富的历史文化遗产，如醴陵瓷都、马王堆汉墓、少数民族风情文化等，以及湘剧、花鼓戏等地方戏曲。将这些文化符号融入文体服务中，不仅能丰富文体活动的内容，还能增强群众对本土文化的认同感和自豪感。通过组织地方性文化节、戏曲演出等活动，吸引更多群众参与，传承和弘扬本土优秀传统文化。

此外，政府在文体服务的引导上，应注重公平性和普惠性，特别是要覆盖到社会的各个群体。文体活动不仅要面向城市居民，也要兼顾农村地区和弱势群体。要让所有人享受到文体服务带来的益处，通过政策保障、资金扶持、基础设施建设等手段，确保文体服务覆盖广泛、公平，让文体活动真正成为全体人民的精神食粮。

2. 推进文体服务区域均衡发展

习近平总书记在党的二十大报告中强调："健全基本公共服务体系，提高公共服务水平，增强均衡性和可及性，扎实推进共同富裕。"在提升湖南县域文体服务水平的过程中，均衡发展是实现文体服务覆盖全民的重要手段。湖南省内区域经济发展差异较大，城乡文体服务的基础设施和资源分布不平衡，推进公共文体服务的均衡发

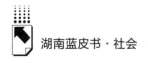

展、缩小城乡差距，是实现全民共享文体资源的重要目标。

首先，加强农村地区文体设施建设。当前，湖南各县（市、区）许多偏远农村地区文体基础设施依然落后，村民的文化生活较为单一，体育活动的参与度不高。因此，政府应通过投入专项资金，加快这些地区的文体设施建设，修建图书馆、文化馆、体育馆等基础设施，提高"农家书屋"利用水平，完善文体服务网络，确保农村居民能够方便地参与到各种文体活动中来。通过设施建设，推动乡村文化振兴，让广大农村居民也能享受高质量的文化生活。

其次，加强城乡文体资源的统筹配置和共享。通过"城乡文化对接""文体下乡"等方式，打破城乡之间的文体资源壁垒。组织城市的优秀文艺团体、体育队伍到农村巡回演出和比赛，积极组织"村BA""村超""龙灯比赛"等体育赛事，提供更多的文化和体育资源。同时，还可以以政府购买服务的方式加强政府与社会力量合作，定期组织文化志愿者、体育教练到农村开展培训，提升基层文体服务人员的素质和水平，激发群众参与文体活动的热情。

最后，注重不同年龄、不同群体的文体需求差异。文体服务不仅要满足青壮年的需求，还要照顾到老年人、儿童以及残障人士等特殊群体。各县（市、区）应针对这些群体提供个性化的文体服务项目。例如，可以设立老年人文化活动中心、为儿童提供专门的体育训练营，或为残障人士定制无障碍文化体验项目，确保所有人群都能参与文体活动，共享文体服务的成果。

3.加强文体服务与科技融合

党的二十届三中全会通过的《中共中央关于进一步全面深化改革　推进中国式现代化的决定》指出，"探索文化和科技融合的有效机制，加快发展新型文化业态。"科技的发展为文体服务提供了广阔的创新空间。湖南省在提升文体服务水平的过程中，应充分利用现代科技手段，实现文体服务的创新发展，提升服务质量和效率。

首先，开发数字化文体服务。依托互联网、大数据、人工智能等技术手段，将图书馆、文化馆、博物馆等资源数字化，方便群众随时随地在线获取文化知识和信息。例如，建立线上虚拟博物馆、数字图书馆，使群众即使不出家门，也能体验到丰富的文化资源，享受文化服务。鼓励自媒体通过移动端 App、微信公众号等平台，提供校园体育赛事直播、文艺演出在线点播等服务，进一步扩大文体服务的覆盖面。

其次，利用科技手段提升文体设施的管理效率和服务质量。可以在体育场馆、文化场馆等公共设施中引入智能化管理系统，如智能预约系统、场地监控系统等，提升场馆的使用效率和安全性。同时，还可以利用 VR（虚拟现实）、AR（增强现实）等技术，增强文体活动的互动性和沉浸感，提高群众参与文体活动的积极性。例如，利用 VR 技术进行虚拟旅游、虚拟运动训练等，使文体服务更加多元化和趣味化，满足不同人群的需求。

再次，利用科技手段提升文体服务的创新能力。例如，推动"文化+科技"或"体育+科技"产业的发展，支持文体创意产业与科技企业的合作，促进数字文化产业的发展。通过数字音乐、数字艺术、电子游戏等新兴领域的培育和发展，可以吸引更多的年轻人参与到文体活动中来，促进文化和体育产业的多元化与高质量发展。

最后，培养一支高素质文体与科技融合的人才队伍。各县（市、区）应加强对文体与科技融合的专业人才的培养，设立专项培训计划，提升从业人员的科技应用能力。此外，还可以与高校、科研机构合作，开展相关技术的研究与应用推广，推动文体服务的智能化、数字化发展。

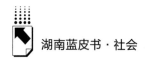
九 公共安全满意度评价报告

姚选民[*]

公共安全在基本公共服务体系中具有不可替代的作用。它不仅是社会稳定的基础和国家安全的重要组成部分，也是经济社会持续健康发展的基础条件。公共安全直接关系到社会秩序的稳定，是维护人民生命财产安全的基础，为经济社会发展提供了稳定的环境。它涵盖了生产安全、交通安全、食品安全、网络安全、防灾减灾等多个领域，是确保人民群众能够安心生活、工作的前提条件。2024年湖南省122个县（市、区）公共安全要素满意度平均得分为70.45分，在公共服务十项要素中排名第五，在基本公共服务诸要素满意度排名中居中位水平。

（一）县域比较

2024年湖南省县（市、区）基本公共服务十项要素平均得分为68.99分，其中公共安全要素满意度平均得分为70.45分，在公共服务十项要素中排名中等。全省县域公共安全要素满意度得分整体分布情况见表10。靠前的县域得分区间是77.28～81.85分；相对靠前的县域得分区间是71.01～77.19分；水平居中的县域得分区间是68.71～70.81；相对靠后的县域得分区间是64.91～68.71分；靠后的县域得分区间是54.73～64.21分。2024年该要素满意度得分靠前的县域有（按拼音排序）：常宁市、芙蓉区、汉寿县、开福区、芦淞区、石峰区、桃源县、天心区、天元区、望城区、武陵区、湘潭县、湘乡市、湘阴县、新化县、雨湖区、雨花区、岳麓区、岳塘区以及

---

* 姚选民，博士后，研究员，研究方向为国家与社会治理。

表 10   2024 年湖南省县域公共安全要素满意度得分情况

单位：分

县域	得分	县域	得分	县域	得分
芙蓉区	78.82	洞口县	68.39	桂阳县	66.66
天心区	81.58	绥宁县	74.83	宜章县	68.52
岳麓区	78.08	新宁县	67.28	永兴县	70.50
开福区	79.58	城步县	69.15	嘉禾县	62.84
雨花区	81.32	武冈市	63.63	临武县	71.17
望城区	77.97	邵东市	62.68	汝城县	71.39
长沙县	77.19	岳阳楼区	71.06	桂东县	72.61
浏阳市	74.77	云溪区	66.58	安仁县	63.34
宁乡市	69.09	君山区	70.24	资兴市	68.74
荷塘区	70.73	岳阳县	66.91	零陵区	60.71
芦淞区	77.45	华容县	70.71	冷水滩区	66.32
石峰区	80.18	湘阴县	78.57	祁阳市	56.81
天元区	78.78	平江县	69.14	东安县	75.92
渌口区	66.11	汨罗市	62.32	双牌县	72.74
攸县	67.85	临湘市	61.06	道县	65.92
茶陵县	70.33	武陵区	77.28	江永县	65.78
炎陵县	68.71	鼎城区	77.13	宁远县	61.40
醴陵市	72.13	安乡县	77.18	蓝山县	69.15
雨湖区	79.38	汉寿县	77.31	新田县	66.84
岳塘区	78.59	澧县	76.12	江华县	62.09
湘潭县	80.74	临澧县	75.18	鹤城区	65.21
湘乡市	81.72	桃源县	77.51	中方县	70.70
韶山市	68.71	石门县	70.81	沅陵县	67.52
珠晖区	66.08	津市市	66.84	辰溪县	64.21
雁峰区	67.13	永定区	67.26	溆浦县	67.61
石鼓区	76.28	武陵源区	73.15	会同县	69.41
蒸湘区	81.85	慈利县	68.07	麻阳县	60.90
南岳区	68.39	桑植县	64.91	新晃县	68.86
衡阳县	72.63	资阳区	67.26	芷江县	69.82
衡南县	74.13	赫山区	66.08	靖州县	69.76
衡山县	68.59	南县	71.01	通道县	71.12
衡东县	74.93	桃江县	69.43	洪江市	60.61
祁东县	60.50	安化县	67.24	吉首市	69.41
耒阳市	60.75	沅江市	77.08	泸溪县	60.58
常宁市	78.93	娄星区	72.74	凤凰县	59.40
双清区	72.21	双峰县	77.03	花垣县	63.90
大祥区	69.98	新化县	79.96	保靖县	66.70
北塔区	67.62	冷水江市	74.72	古丈县	57.40
新邵县	75.74	涟源市	71.52	永顺县	54.73
邵阳县	75.17	北湖区	60.77	龙山县	60.02
隆回县	71.03	苏仙区	68.35		

全省满意度平均值为 70.45

蒸湘区。在全省 122 个县（市、区）中，该要素最高得分为 81.85 分，最低得分为 54.73 分，最高分与最低分之间相差 27.12 分，表明全省县域之间的公共安全服务能力水平差距相对较大，部分县域的公共安全状况亟待提升。在全省 122 个县（市、区）中，有 55 个县域在该项要素的得分超过全省县域平均水平，占比 45.08%，超过 65 分的县（市、区）有 99 个，占比 81.15%，表明湖南省县域公共安全水平状况总体可控。以地市（州）地区为单位来看全省县域公共安全要素满意度，有 6 个地区在该项要素的县域平均得分超过全省 14 个地区的平均水平，占比 42.86%。在全省 14 个地区中，平均值最高分为 78.21 分，平均值最低分为 61.76 分，最高分与最低分之间相差 16.45 分，表明全省地区间的公共安全服务能力水平差距相对较大，部分地区县域的公共安全状况需要下大力气提升。

（二）结果分析

第一，市辖区的公共安全满意度普遍偏高，而全省各县域的公共安全服务建设有待加强。从公共安全满意度排名靠前的县（市、区）来看，高频出现的为市辖区，包括芙蓉区、开福区、芦淞区、石峰区、天心区、天元区、望城区、武陵区、雨湖区、雨花区、岳麓区、岳塘区、蒸湘区，总计有 13 个，占比 65%，其他县（市）共占比 35%。

第二，经济社会发展程度高的地区县域公共安全满意度普遍较高，而发展程度不够的地区县域公共安全服务建设需要提升。从各地区县域的平均值来看，高于全省县（市、区）平均值的县域主要位于湖南省经济第一梯队地区。处于全省县域平均值以下的县（市、区）主要分布在全省经济第一梯队以外的地区。

（三）结论与建议

就目前湖南县域社会安全整体形势而言，全省基层公共安全形势总体稳定可控。基层政府及相关部门牢牢把握、深入贯彻总体国家安全观的战略思想，通过加强社会治安防控、完善应急管理体系、推进安全生产监管等措施，有效保障了基层群众的生命财产安全。同时随着三湘大地发展和城镇化进程加快，县域公共安全领域面临的新挑战也日益增多，仍需持续加大工作力度，确保基层社会公共安全形势持续稳定向好。

1.加强政策引导，为各地区县域公共安全服务能力平衡发展创造条件

当前湖南各地区县域公共安全服务能力发展不平衡问题，需要引起重视。实现各地区县域公共安全服务能力的平衡发展，是一个复杂而系统的工程，需要多方面的努力。一是要加强顶层设计与政策引导。明确发展目标、重点任务和保障措施，对于公共安全服务能力相对薄弱的县（市、区），应出台更具针对性的扶持政策，包括财政补贴、税收优惠、项目倾斜等，以激发其发展活力。二是要加强技术支撑与信息化建设。大力鼓励和支持公共安全领域的技术创新和研发，推动新技术、新装备在全省县域公共安全服务能力建设中的广泛应用，通过科技手段提升全省县域公共安全服务的智能化、精细化水平。加快建设和完善公共安全信息化平台，实现跨部门、跨地区、跨行业的信息共享和协同作战，通过信息化手段提高县域公共安全服务的响应速度和处置效率。三是要推动区域协同与联防联控。推动各地区之间在公共安全服务领域的协同合作，建立健全区域协同机制，实现资源共享、优势互补，通过联合演练、联合执法等方式提高区域协同作战能力。

2.加大资源性投入，实现全省县域公共安全服务能力水平大幅提升

"郡县治，天下安"[①]，我们要重视当前县域公共安全服务能力水平的提升。一是要加大基础设施建设与资金投入力度。加快县域公共安全基础设施的建设和改造，比如消防站、应急避难场所、安全监控网络等，确保设施完善、布局合理，加大对老旧设施的更新换代力度，提高其防灾减灾能力。加大对公共安全服务的财政投入力度，优化财政支出结构，确保公共安全服务体系建设有稳定的资金来源，确保公共安全领域的资金需求得到满足，特别是要加大对基层公共安全服务的支持力度。二是要注重评估与监督。建立健全县域公共安全服务能力评估体系，定期对各地区县域公共安全服务能力进行评估和排名，通过评估结果反馈和整改措施落实推动各地区不断提升公共安全服务能力。加强对各地区县域公共安全服务工作的监督检查力度，确保各项政策措施落到实处，对于存在的问题和不足及时督促整改并追究相关责任人的责任。三是要加强社会参与和宣传教育。鼓励和支持社会力量参与县域公共安全服务体系建设和管理工作，形成政府主导、社会参与的多元化格局，建立和完善社会参与机制和渠道，促进政府与社会之间的良性互动和合作。加大公共安全宣传教育力度，提高公众的安全意识和自我保护能力，开展多种形式的宣传教育活动，比如安全知识讲座、应急演练等，增强公众的应急反应能力和自救互救能力。

3.强化食品安全风险防控，提升重点民生领域县域公共安全服务能力

"民以食为天"[②]，食品安全是县域公共安全服务能力建设的重要内容，食品安全风险防控要久久为功。一是要加强食品安全监管

---

① 《习近平著作选读》（第一卷），人民出版社，2023。
② 习近平：《论"三农"工作》，中央文献出版社，2022。

体系建设。构建覆盖县、乡、村三级的食品安全监管网络，确保监管工作无死角、全覆盖。强化基层监管力量，充实乡镇食品安全监管人员，提升基层监管能力和水平。落实食品安全属地管理责任，明确各级政府和监管部门在食品安全工作中的职责和任务。二是要提升食品安全检验检测能力。加大对县域食品安全检验检测机构的投入力度，提升其检测能力和水平，鼓励和支持社会第三方检验检测机构发展，形成政府主导、社会参与的多元化检验检测体系。积极引进和推广快速、准确、便捷的食品安全检测技术，提高检测效率和准确性，加强快速检测技术的培训和应用，确保基层监管人员能够熟练掌握并有效运用。三是要加强食品安全宣传教育和培训。广泛开展食品安全宣传教育活动，提高公众对食品安全的认知度和关注度，通过多种渠道和形式宣传食品安全知识、典型案例等，增强公众的食品安全意识和自我保护能力。加强对食品生产经营者的培训力度，提高其食品安全意识和守法经营意识。四是要提升食品安全应急处置能力。制定和完善食品安全应急预案，明确应急处置流程、责任分工和保障措施等。定期组织食品安全应急演练和培训活动，提高应急处置能力和水平，建立健全食品安全应急队伍体系，加强应急队伍的建设和管理。

4.提升应急响应能力，优化应对生产生活领域灾害县域公共安全服务

防治灾害风险是县域公共安全服务能力建设的重要内容，亦是时刻面临的重大现实问题。一是要加强灾害预警与监测体系建设。建立多部门协同的灾害预警机制，确保气象、水利、应急等部门之间的信息共享和联动。加强对灾害性天气的监测和预报，提高预警信息的准确性和时效性，在全省各县（市、区）布设灾害监测站点，形成覆盖广泛、布局合理的监测网络。加强对重点区域和关键时段的监测，确保及时发现并报告灾害隐患。二是要提升灾害应急响应与处置能力。针对不同类型的灾害，制定科学、合理、可操作的应急预案，明确应急响应流程、责任分工和保障措施。建立健全应急队伍体系，包括专业救援队伍、学雷锋志愿者队伍等，确保在灾害发生时能够迅速集结并投入救援工作。加强应急物资储备和管理，确保在灾害发生时能够及时调拨和供应所需物资。三是要加强灾害风险管理与防范。对全省各县（市、区）的灾害风险进行全面评估，明确灾害风险分布和潜在的影响范围，定期开展灾害隐患排查工作，对发现的问题和隐患及时整改和消除，加强对重点区域和关键环节的监管，防止灾害事故的发生。加强灾害防范知识的宣传和教育，提高公众的防灾减灾意识和自救互救能力，通过各种渠道和形式普及灾害防范知识和技能，形成全社会共同关注和支持防灾减灾的良好氛围。

十　市政管理满意度评价报告

姚选民[*]

市政管理在基本公共服务中占据重要地位。在促进县域经济发展方面，市政管理提供基础保障，比如交通、供水、供电等优良的市政管理，有助于吸引投资，推动县域经济发展。在维护县域秩序方面，市政管理负责县域城市基础设施的维护、县域城市环境的整治以及县域城市交通的管理等，确保县域城市运行的有序性。在提高居民生活质量方面，通过有效的市政管理改善县域城市环境，提升居民的生活质量和幸福感。2024年湖南省122个县（市、区）市政管理要素满意度平均得分为71.90分，在公共服务十项要素中排名第二，在基本公共服务诸要素满意度排名中位居前列。

---

[*] 姚选民，博士后，研究员，研究方向为国家与社会治理。

（一）县域比较

2024年湖南全省县域市政管理要素满意度平均得分为71.90分，在公共服务十项要素中排名位居前列，仅位于弱有所扶要素之后。全省县域市政管理要素满意度得分整体分布情况见表11。靠前的县域得分区间是80.27~87.49分；相对靠前的县域得分区间是72.30~79.98分；水平居中的县域得分区间是69.42~72.24分；相对靠后的县域得分区间是64.73~69.37分；靠后的县域得分区间是55.63~64.62分。2024年该要素满意度得分靠前的县域有（按拼音排序）：安乡县、常宁市、芙蓉区、汉寿县、衡东县、开福区、芦淞区、桃源县、天心区、望城区、武陵区、湘潭县、湘乡市、湘阴县、雨湖区、雨花区、沅江市、岳麓区、岳塘区以及蒸湘区。在全省122个县（市、区）中，最高分为87.49分，最低分为55.63分，最高分与最低分之间相差31.86分，表明全省县（市、区）之间的发展水平差距较大，部分县域的市政管理状况存在较大提升空间。在全省县域中，有54个县（市、区）在该项的得分超过全省县域平均水平，占比44.26%，超过65分的县（市、区）有99个，占比81.15%，表明湖南县域市政管理水平总体较好。以地市（州）地区为单位来看全省县域市政管理要素满意度，有6个地区县域在该项的平均得分超过全省地区的平均水平，占比42.86%。在全省14个地区中，平均值最高分为82.88分，平均值最低分为64.19分，最高分与最低分之间相差18.69分，表明14个地区之间的县域市政管理服务能力水平差距相对较大，部分地区县（市、区）的市政管理状况需要下大力气提升。

表11　2024年湖南省县域市政管理要素满意度得分情况

单位：分

县域	得分	县域	得分	县域	得分
芙蓉区	83.45	洞口县	70.60	桂阳县	67.34
天心区	81.88	绥宁县	72.64	宜章县	69.97
岳麓区	82.01	新宁县	66.77	永兴县	68.97
开福区	82.41	城步县	71.39	嘉禾县	64.62
雨花区	83.04	武冈市	59.54	临武县	69.24
望城区	81.22	邵东市	62.59	汝城县	79.83
长沙县	78.27	岳阳楼区	69.37	桂东县	75.41
浏阳市	78.62	云溪区	65.45	安仁县	63.75
宁乡市	73.53	君山区	73.08	资兴市	72.59
荷塘区	68.49	岳阳县	70.07	零陵区	63.84
芦淞区	82.17	华容县	75.82	冷水滩区	65.41
石峰区	79.76	湘阴县	81.92	祁阳市	55.63
天元区	79.24	平江县	69.00	东安县	77.99
渌口区	66.28	汨罗市	61.07	双牌县	69.42
攸县	67.75	临湘市	57.15	道县	67.77
茶陵县	74.72	武陵区	81.36	江永县	63.86
炎陵县	70.27	鼎城区	79.98	宁远县	61.78
醴陵市	68.91	安乡县	81.74	蓝山县	72.45
雨湖区	87.49	汉寿县	80.45	新田县	66.90
岳塘区	81.92	澧县	73.45	江华县	62.77
湘潭县	83.87	临澧县	76.62	鹤城区	66.72
湘乡市	86.80	桃源县	80.27	中方县	75.25
韶山市	72.15	石门县	71.35	沅陵县	69.77
珠晖区	66.07	津市市	66.88	辰溪县	67.35
雁峰区	64.41	永定区	70.46	溆浦县	68.44
石鼓区	79.74	武陵源区	76.48	会同县	72.30
蒸湘区	81.76	慈利县	70.38	麻阳县	61.66
南岳区	65.12	桑植县	65.63	新晃县	69.32
衡阳县	77.59	资阳区	67.12	芷江县	69.74
衡南县	77.66	赫山区	64.73	靖州县	72.24
衡山县	72.65	南县	69.30	通道县	72.01
衡东县	83.19	桃江县	70.91	洪江市	59.02
祁东县	62.29	安化县	65.41	吉首市	71.12
耒阳市	60.71	沅江市	80.78	泸溪县	64.03
常宁市	80.86	娄星区	75.94	凤凰县	61.14
双清区	76.18	双峰县	79.69	花垣县	69.22
大祥区	69.93	新化县	79.36	保靖县	68.15
北塔区	68.10	冷水江市	72.05	古丈县	60.52
新邵县	76.01	涟源市	71.69	永顺县	60.64
邵阳县	76.43	北湖区	63.15	龙山县	56.97
隆回县	71.56	苏仙区	68.37		

全省满意度平均值为71.90

（二）结果分析

第一，市辖区的市政管理满意度普遍偏高，而全省各县的市政管理问题仍需引起重视。从全省县域市政管理满意度排名靠前的县（市、区）来看，高频出现的为市辖区，包括芙蓉区、开福区、芦淞区、天心区、望城区、武陵区、雨湖区、雨花区、岳麓区、岳塘区以及蒸湘区，总计有11个区，占比55%，其他县（市）共占比45%。

第二，经济社会发展程度高的地区县域市政管理满意度普遍偏高，发展程度不够的地区县域市政管理问题仍是块"硬骨头"。从全省各地区县（市、区）的市政管理要素得分平均值来看，高于全省地区间平均值的县（市、区）主要位于湖南省经济第一梯队地区。处于全省县域平均值以下的县（市、区）则主要分布在全省经济第一梯队以外的地区。

（三）结论与建议

为人民群众提供优质高效的市政管理服务，是县域基本公共服务能力建设的题中应有之义。近年来，基层政府及有关部门认真贯彻中央和省里决策部署，在创新和改进市政管理服务方式方面积极探索，在数字化、基础设施建设、服务创新和营商环境等方面取得明显成效，但仍需解决数据共享、资源分配、人才短缺和法治化建设等方面问题。未来，湖南各县（市、区）应继续加大投入力度，推动市政管理服务的高质量发展。

1. 加强资源整合，注意向市政管理服务发展滞后的县域倾斜

正视当前湖南各县域市政管理服务水平发展不平衡问题，逐步缩小各县域之间的发展差距，实现全省各县市政管理服务水平的整体提升。一是要在规划统筹上出实招。制定统一的发展规划，确保各地

区县域在市政管理服务方面协调、有序地发展。实施差异化扶持政策,针对不同县域的实际情况和发展需求,实施不同的扶持政策。对于经济欠发达、基础设施薄弱的县域,应加大财政投入和政策支持力度,加快基础设施建设,提升市政管理服务水平。二是要推动数据共享与资源整合。利用现代信息技术手段,建立全省范围内的数据共享平台,实现县域之间以及部门之间的数据共享。加强资源整合,将各类资源向发展滞后的县域倾斜,通过政策引导与市场机制相结合的方式,推动人才、资金、技术等要素向这些县域流动,促进其发展壮大。三是要推动服务创新和模式升级。创新服务模式,鼓励县域政府积极探索新的服务模式,深化"互联网+政务服务"改革,推动政务服务事项网上办理,建立健全线上线下融合的服务体系。推广先进经验,及时总结和推广各地市(州)在县域市政管理服务方面的先进经验和做法,形成示范效应,带动其他县域的发展。

2. 强化社会监督,鼓励群众参与县域市政管理服务工作评价

全省范围县(市)的市政管理服务能力水平整体偏弱,制约了全省县域市政管理服务能力水平的整体提升。一是要深入推进法治化建设。完善市政管理服务领域的法规体系,确保各项工作有法可依、有章可循。加强执法监管,加大执法监管力度,对违法违规行为进行严厉打击,维护市场秩序和群众利益,营造公平公正的营商环境。强化法治宣传,提高群众的法律意识和维权能力,通过举办法治讲座、开展普法宣传等方式,营造良好的法治氛围。二是要强化监督考核与激励约束。实施绩效考核,将市政管理服务工作纳入绩效考核体系,对工作成效进行量化评估,根据评估结果给予相应的奖惩措施,激励各县域积极提升服务水平。三是要强化社会监督。加强社会监督,通过设立投诉举报渠道、开展满意度调查等方式,及时收集群众意见和建议,不断改进工作方法和提高服务质量。在强化社会监督的基础上提升市政管理服务的快速反应能力,比如及时建立健全帮办代办服务

体系，为老年人、残疾人等特殊群体提供贴心服务，通过设立帮办代办窗口、开展上门服务等方式，解决群众办事难问题。

3. 推动公共服务机构、便民服务设施等向城乡基层社区延伸拓展

"民心是最大的政治"①，要着力提升全省县（市、区）生活便民领域的市政管理服务水平，为基层群众提供更加便捷、高效、优质的服务。一是要坚持以人民为中心建设公共设施。完善社区配套设施，建设或改造社区综合服务设施，比如卫生服务中心（站）、体育健身设施等，满足居民多样化需求。优化交通网络，提升县域内及县域间的交通通达性，发展公共交通，如增加公交线路、优化站点布局，方便居民出行。提升供水供电及信息网络质量，完善供水供电设施，确保水质安全、供电稳定，并推动老旧设施改造升级。二是要提升政务服务效率。简化审批流程，减少审批环节，提高审批效率，减少群众跑腿次数。推动跨部门、跨领域事项集成办理，通过流程再造、系统对接等方式，打造"一件事一次办"服务场景。三是要推动社会力量参与。支持社会组织发展，鼓励和支持社会组织参与生活便民服务领域的发展和管理，培育一批具有影响力的社会组织品牌项目和服务机构。引导社会资本投入，通过政策引导与市场机制相结合的方式吸引社会资本投入生活便民服务领域，推动形成政府主导、社会参与、市场运作的多元化服务模式。

4. 注重提升水电气等基础设施供给领域的县域市政管理服务水平

"基础不牢，地动山摇"②，提升县域水电气等基础设施领域的市政管理服务水平需要政府、企业和公众共同努力。一是要增加基础设施公共产品供给。加大对老旧供水供电设施的改造力度，确保设施的安全可靠运行，推进城乡供水一体化和电网智能化建设，提高供水供

---

① 《习近平谈治国理政》（第四卷），外文出版社，2022。

② 习近平：《论坚持人民当家作主》，中央文献出版社，2021。

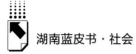

电的覆盖率和稳定性。合理规划水电气管网的布局，减少管网重叠和交叉，提高资源利用效率，加强管网的维护和管理，定期进行巡查和检修，确保管网的畅通无阻。鼓励和支持风能、太阳能等新能源的开发利用，减少对化石能源的依赖，加强新能源与传统能源的互补和协同，提高能源供应的多样性和安全性。二是要提升服务质量与效率。简化报装流程，推行水电气报装"一站式"服务，提供在线报装、预约上门等便捷服务方式，方便群众办理业务。提升应急抢修能力，建立健全应急抢修机制，确保在发生供水供电故障时能够迅速响应和修复，加强抢修队伍的建设和培训，提高抢修效率和质量。利用物联网、大数据等先进技术对水电气设施进行智能化管理，实时监测设施运行状态和能耗情况，及时发现并解决问题。三是要加强监管与考核。建立健全监管体系，完善水电气行业的监管制度体系，加大对企业的监管力度，确保企业合法合规经营。强化绩效考核，建立科学合理的绩效考核体系，将服务质量、用户满意度等指标纳入考核范围，定期对企业进行绩效考核评估，并将评估结果向社会公布。

典型经验

B.4
2024年湖南县域基本公共服务
优秀县（市、区）典型经验

陈 军*

摘 要： 通过对2024年湖南县域基本公共服务十项要素满意度问卷调查和分析，我们选取了总体满意度和各单项满意度分值靠前的11个县（市、区），分别就基本情况与成效、主要做法、经验启示等方面进行典型经验推介。这11个典型案例分别为：湘乡市的基本公共服务、雨花区的幼有所育、天心区的学有所教、开福区的劳有所得、衡东县的病有所医、湘乡市的老有所养、雨湖区的住有所居、望城区的弱有所扶、岳塘区的文体服务、蒸湘区的公共安全、湘潭县的市政管理。

关键词： 基本公共服务 满意度 典型经验 湖南县域

---

* 统稿：陈军。

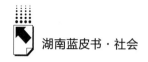
一　湘乡市基本公共服务典型经验

湘乡市发改局

党的二十届三中全会强调：要聚焦提高人民生活品质，完善收入分配和就业制度，健全社会保障体系，增强基本公共服务均衡性和可及性，推动人的全面发展、全体人民共同富裕取得更为明显的实质性进展。近年来，湘乡市始终坚持把提供优质基本公共服务作为重中之重，健全基本公共服务体系，稳步提升公共服务水平，努力满足人民群众日益增长的美好生活需要，让高质量发展成果更多更好惠及全体人民群众。

（一）基本情况和成效

近年来，湘乡市坚持以民为本强保障、兜底线，推动基本公共服务再上台阶，2023年45项省市县重点民生实事全面完成，民生福祉持续增进，基本公共服务满意度位列全省第一。

民生指标稳步向好，居民收支平稳增长。2023年城乡居民人均可支配收入为34604元、同比增长5.4%，排名湘潭市第一；加快补齐农村短板、促进城乡收入均衡，农村居民人均可支配收入为26669元、同比增长6.4%，城镇居民人均可支配收入为46436元、同比增长3.6%，农村收入较城镇收入增速高2.8个百分点。制定落实稳岗政策，全市完成城镇新增就业6150人，失业人员再就业3200人，就业困难人员就业700人，新增农村劳动力转移就业3500人；贯彻落实"1+10人才新政"，开展稳就业"五送五促"百日攻坚、"春风行动"系列招聘活动，组织招聘会45场，达成就业意向0.9万人；新建"返乡就业创业服务站"23个，回引外出务工人员2260人；完成补贴性培训4420人，零就业家庭保持动态清零。

社会保障更加有力。城乡低保、残疾人两项补贴、散居孤儿基本生活最低保障标准稳步提升，全市城市低保标准从 2022 年的每人每月 600 元提高到每人每月 650 元，城市特困人员供养标准从每人每月 780 元提高到每人每月 845 元；全市困难残疾人生活补贴发放标准从每人每月 75 元提高到每人每月 80 元，医保参保率达 95% 以上。

公共事业稳步提升。坚持教育优先发展，深入实施"135"教育强市工程。东山学校"徐特立项目"、四中综合楼、塔子幼儿园改（扩）建、市一职产教融合实训基地等项目建设进展顺利，芙蓉学校综合楼和 3 所乡镇寄宿学校、泉塘镇三龙湾幼儿园投入使用。规范民办义务教育，教育教学质量经验在全省推介。"北京大学思想政治实践课教育基地"落户东山学校。医疗卫生事业稳步发展，推进国家公立医院改革与高质量发展示范项目，健康产业园一期开工建设，湘乡口腔医院和市人民医院王松灵院士工作室建成运营，棋梓中心卫生院获批"省县域医疗卫生次中心项目"，翻江、白田卫生院提质改造，普通门诊异地结算定点医疗机构实现全覆盖；全国基层中医药工作示范县、全省健康县创建通过验收。完成困难老年人居家适老化改造 599 户、困难残疾人家庭无障碍改造 165 户，建成村级养老服务互助示范点 100 个。新建保障性租赁住房 330 套，园艺场安居小区和长桥、金塘、桑枣安置区即将建成。出台军人军属、退役军人、其他优抚对象优抚内容 99 项，五星级军休所投入使用。公共文化服务提质增效，承办"湘乡水府杯"全国象棋男子甲级联赛、湘潭市第二届旅发大会湘乡分会场系列活动、2023 年湖南省青少年皮划艇（激流回旋）锦标赛大型赛事；举办"百龙百狮贺新春""云门寺庙会""醉美丰收季"等 46 场特色文旅活动；完成"送戏曲进万村、送书画过万家"65 场，"湖南公共文化进村入户、戏曲进乡村"活动 88 场，"周末剧场"演出 52 场，市文化馆开办各艺术门类公益培训班 444 班（次），培训 12337 人次；红色教育精品课程展演、特色文旅

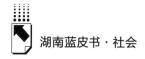

集市、"发现湘乡"短视频征集令、湘乡市"长河湾"全民 K 歌挑战赛等特色文娱活动持续火热。

（二）主要做法

1. 居民增收渠道不断拓宽，富民强市加快推进

围绕稳步提升居民收入的目标，着重从以下三个方面下功夫。一是稳住就业基本盘。以打好民生保障仗为抓手，制定稳岗政策，为吸纳离校两年内未就业高校毕业生、登记失业青年等就业的企业发放一次性吸纳就业补贴，同时及时足额发放失业保险稳岗返还金、一次性扩岗补助、吸纳就业困难人员就业社会保险补贴等，在助企纾困的同时积极扩大就业容量。积极开展"三送三解三优"行动，广泛推动稳就业政策进企业、进园区、进校园、进社区（村），为鼓励企业稳岗扩岗，充分运用"直补快办""免申即享"等模式，给予社会保险补贴、一次性吸纳就业补贴、一次性扩岗补助、稳岗返还等资金支持，全力把政策红利送到每一个企业。二是用好各项稳经济促增长政策。坚持优化营商环境不放松，出台促进民营经济发展壮大的若干措施 23 条、招商引资激励政策 18 条、支持湘商回归暖心政策 10 条；持续促进实体经济发展，加快建设"一主两特"产业体系，大力实施工业企业"三改一扩"项目，提速"智赋百企"行动，加快新兴产业发展和培育，持续壮大富民产业。三是拓宽居民增收渠道。深入实施"五个促增收"行动，出台《2023 年湘乡市促进农民增收行动方案》，不断拓展农民工就业空间、就业渠道，带动农村居民收入稳定增长。

2. 基本公共服务持续升级，民生实事项目加快建设

以项目建设为引领，持续提升公共服务能力，让民生实事项目真正成为人民群众满意的民心工程。老旧小区改造全面开工、加速推进；2023 年高效推动 38 个老旧小区焕新改造，新湘路、大正街美好社区实现蝶变，加装既有多层住宅电梯 30 台；结合文创工作及以县城为重要载体的城镇化试点建设，通过召开方案征求会、入户征询等方式，向老旧小区居民征求意见，共同研讨改造方案，老旧小区改造实现"按需定制"，有效激发群众参与改造的积极性和主动性，真正将老旧小区打造成美好社区。湘乡市城乡应急医疗救治体系项目建设、湘乡市健康产业园、东山学校"徐特立"项目等一批重大民生实事项目相继开工投产落地，全面提升区域医疗服务能力与教育质量。

3. 政务服务水平稳步提高，现代治理体系加快构建

加快推进治理体系和治理能力现代化建设，不断提升窗口效能和服务水平，打通服务群众的"最后一公里"，群众办事满意度持续提升。坚持以深化"放管服"改革和优化营商环境为抓手，创新便民服务模式，按照"能减则减、能合则合"原则，规范梳理事项，全面优化审批流程，大力推动"帮代办首问首接全生命周期服务""一网通办""一站式审批""不见面审批"，大幅度压缩审批时限；持续推进"一件事一次办""马上办""绿色通道办""帮代办"改革，电子化率达到 94.8%。调整修订、公布出台《湘乡市行政许可事项清单（2023 年版）》，258 项行政许可事项全部录入"一体化平台行政许可事项系统"实行清单管理，全面提升政务服务事项标准化、规范化、便利化水平。深化政务服务改革，全面提升便民利民服务水平，"出生""入学""企业设立变更注销""不动产联动水电气过户"等 12 项套餐式事项成功从"一堆事"变为"一件事"并落地生效。

（三）经验启示

1. 领导重视是关键

湘乡市委、市人民政府主要领导高度重视，召开市委常委会、市政府常务会专题研究基本公共服务提升工作，始终强调，要着力提升公共服务能力，为营商环境再上新台阶打好"底子"，为推动高质量发展搭好"台子"。全市将基本公共服务能力建设与"走找想促"活动、"发展六仗""七个强市"等全市重点工作、中心工作结合起来，以大抓基层公共服务为导向，着力破解了一批发展所需、改革所向、群众所盼的瓶颈难题，持续夯实高质量发展基础。

2. 机制创新是动力

积极探索基本公共服务领域创新，推动更多数字化、个性化服务出台。以"数字政府"建设为契机，以改善企业群众办事体验为落脚点，持续打造"高效办成一件事"升级版，进一步巩固提升"一件事一次办"改革成果。2024年6月，湘乡市数据局正式挂牌成立，将进一步有效推动"数字政府"建设、智慧城市建设和公共资源管理建设，进一步深化湘乡数据体制改革，完善政务服务体系建设、提升现代化治理能力。

3. 统筹协作是保障

充分发挥各类工作专班集成效应，全面加强科学统筹，重点统筹好立足中心与靶向发力，统筹好专项工作与全局工作，统筹好查漏补缺与亮点总结，以工作推进的整体效应强化基本公共服务提升的集成效应。

4. 群众参与是基础

坚持问需于民，积极引导民众参与基本公共服务领域全过程建设，充分调动广大群众的积极性、主动性和创造性。在老旧小区改造项目中，通过报纸、广播、电视及网络、微信等载体广泛宣传老旧小区改造政策和"共同缔造"基本理念，组织旧改、街道、社区、勘测、设计等人员多次深入老旧小区宣讲改造政策、内容、标准、程序、权利、义务，充分整合各方资源，由业主决定改不改、改什么、怎么改，合理制定改造方案，改造出人情味，改出居民新生活。

二　雨花区幼有所育典型经验

雨花区教育局

雨花区高度重视学前教育事业发展，坚持"政府主导、社会参与、公办民办并举"原则，优先发展公办园和普惠园，积极满足人民群众"幼有所育、幼有优育"的美好期盼。

（一）基本情况和成效

截至 2024 年秋季，全区共有幼儿园 228 所，幼儿 4.9 万余人，全区幼儿园教职工总人数 0.703 万人，其中专任教师 3279 人。雨花区 2024 年学前三年毛入园率为 99.79%，普惠园在园幼儿占比为 94.15%。共有公办园 127 所，公办园在园幼儿 3.6 万人，占比 73.47%，居长沙市首位、全省前列。近五年，雨花区通过"新建、回收、盘活"等途径，共计新增公办园 105 所，新增公办园学位 3 万余个，公办园所数量及公办园在园幼儿数量实现了根本性提升。雨花区近年来多渠道扩大普惠性学前教育资源供给，深化集团化发展，推进区域学前教育优质均衡发展。实现全区幼小科学衔接结对 100% 覆盖，深入开展幼儿养成教育实践，进一步完善幼儿园保教质量评价体系，各级各类幼儿园保教质量和管理水平实现了跨越式发展。

（二）主要做法

1. 强化责任担当，全面扩大普惠资源

一是大力推进配套园整治。2019 年以来，雨花区积极推进小区配套幼儿园整治和移交，并优先举办为公办园。全省小区配套幼儿园专项治理会议上，雨花区作为区县唯一代表作经验发言，《光明日报》推介雨花区配套幼儿园整治工作经验。二是全面保障经费投入。

区级财政加大投入力度，保证学前教育经费在同级财政性教育经费中的比例逐年增加。2023年区级学前教育经费达到了1亿元。近五年，全区共计投入5.4亿余元新建公办园28所；拨付区级政府公办园、普惠园各级补助资金2.4亿元，全力保障园所办学条件、教育教学研究及教职工待遇，促进全区学前教育稳步发展。三是配齐建强教师队伍。全市率先将公办幼儿园由原来的差额拨款事业单位全部调整为全额拨款公益二类事业单位，新园均参照省级示范园标准建设，核定教师编制。全市首个设立幼儿园教师编，不断加大人才引进力度，全区现有在编学前专业教师172人，其中特级教师两人，名优特教师17人，助力学前教育事业高质量发展。

2. 多措并举，推动公办园学位建设

雨花区2018年公办园幼儿占比为17.75%（全市排名倒数第一）。从2019年开始，中央以及省市政府公办园在园幼儿占比纳入考核并逐年提高指标，2020年、2021年分别为40%、54%。雨花区在没有教育用地和充足财力的情况下，区委、区政府研究决定通过"民转公"的形式，加快公办园学位建设，区教育局等部门及各街镇通力合作、攻坚克难，2019~2021年三年共签订了85所委托公办幼儿园，顺利完成了考核任务。

3. 强化内涵发展，全面提升办园品质

一是聚焦教师成长。分层分类开展"全覆盖"专业研修，近年参培人次已达万余人。联动区域名师工作室开展园长"笃心讲堂"，青年骨干教师"地毯式推门指导"和教研员"联点贴地教研"，开展常态化个别随机指导，增强教师专业指导针对性，推动教师专业素养提升。二是聚焦科学育人。长沙市首个成立区级学前教育教研室，设立学前教育教研主任、兼职教研员及教研联组长共30余名。聘请高校、省、市专家为专业指导团成员，组建多元智库，为区域研培提供智力支持。申报区域性省级课题及园所各级教育科学课题研究30余项，出版《读懂幼儿情绪语言表达的密码》《保育与后厨可视实操课程》等6本专业书籍，发表专业论文80余篇。在13所省、市、区级两项试点园基础上，将全域小学和幼儿园100%结对开展幼小衔接工作，做到了从试点覆盖到全域、从专项晋升为融合、从课题实验普及到常规推进。三是聚焦示范引领。设立雨花幼教集团，下设一幼、小白鹤、建发、六幼、七幼、阳光6个子集团和核心片区，实现资源共享、优势互补，加快推进新设公办园成熟发展，进一步满足群众对优质普惠的学前教育的需求。2023～2024年，圭星等10所局属公办园通过市级评定为一级公办园。同时，雨花区充分发挥优质园引领示范、辐射带动作用，遴选70余所公办园及一级普惠性民办园，对全域薄弱园，通过"园所互访、教师互学、游戏互动、优势互补"举措精准帮扶，提升整体水平。

4. 强化党建引领，全面促进规范发展

一是加强党组织建设。雨花区率先成立区民办教育党委，不断健全完善幼儿园党组织。先后新设党组织37个，遴选党建指导员93名，设立党建指导站，理顺市、区两级党组织、党员隶属关系，动态摸排各民办学校（含幼儿园、培训学校）党组织及党员情况。持续推动1个公办学校党组织对接1（N）个民办学校党组织，从公办学校选派党建工作负责同志95人，对340所民办学校开展党建指导，强化公、民办学校联动共建，确保党建与业务融合，确保"两个覆盖"到位。二是坚持常态化督导。制定《雨花区幼儿园责任督学挂牌督导实施办法》，建立10个幼儿园督学责任区，聘请57名责任督学定期对全区所有幼儿园开展"师德师风""去小学化"等专项督导工作，引导规范办园。对师资配备不到位、乱设立名目收费、教职工待遇无保障、"三防"不达标等不规范办园、办学行为进行动态督查，对应降低奖补资金及办学等级水平。三是定期评级认定。制定《雨花区普惠性民办幼儿园认定工作方案》，扩大普惠性学前教育资源供给，近年来，区财政先后投入普惠园奖补资金11323万元，积极扶持民办幼儿园提供普惠性服务。同步，邀请省市专家对全区普惠民办园和部分局属公办园及委托公办园开展认定评估政策文件解读及培训、全面普查及问题整改，提升办园质量。四是确保安全平稳。区教育局班子成员、科室长联点园所，定期到园督查安全工作。结合"百日攻坚行动"，重点对全区租用自建房办园的园所开展安全鉴定，先后关停存在安全隐患的民办幼儿园7所，58所民办幼儿园完成了房屋安全鉴定并取得合格结果；启动全区园所的消防安全隐患摸排及评估，进行全面整改，拆除整改护窗1000余处；辖区内园所"四个一律""五个100%"全部落实到位，确保园所安全。

（三）经验启示

学前教育是基础教育的基础，是高质量教育体系的开始。近年来，雨花区坚持将学前教育作为教育之基、民生之要，着力探索"党建+"模式，奋力开拓，通过以下三个渠道努力促进党建与育人高效融合，使雨花区学前教育公共服务体系逐步完善，普惠性学前教育保障机制日趋健全，学前教育教研品质不断提升。

1. "扩容+转型"坚持稳增长，逐年提升普及普惠水平

坚持"应建尽建、应交尽交、应办尽办"原则，推进小区配套园回收和整治工作，且举办为公办园。采用"委托举办、共同管理、公办收费、政府补差"创新模式举办公办性质园，高效推进公办园学位建设，逐年加大区级财政投入力度，为学前教育发展提供有力保障。

2. "集团+领航"致力强基础，教研提质促进内涵发展

全市率先挂牌成立幼教集团，加强辖区内集团化办园的设点布局，以"6大子集团"为核心，引领12个片区园所同步发展，成立雨花区学前教育发展共同体，开展多形式、多渠道、多方位的园际联

动，重点关注城镇园、薄弱园和新建园，实现资源共享、优势互补、以强带弱、均衡发展。在全市首个创新开展"三类"（幼小衔接、游戏试点、常规管理）视导、贴地教研问诊视导活动。打造"五大"培训工程，着力构建高质量学前教育体系。采用"赛培结合"方式，促进教师专业成长。不断完善分层培训机制，加大幼儿园岗位专业培训力度，提升管理及专业能力。

3. "严管+督查"着力保稳定，优化管理推动规范发展

建立幼儿园督学责任区并进行挂牌，聘请了督学顾问和特聘督学，针对全区幼儿园开展各类专项督查和业务指导。完善动态监管机制和考核细则，强化对园所办园条件、教师资格与配备、收费行为、财务管理等方面的监管。确保幼儿园稳定规范发展，逐年提升人民群众对学前教育的幸福感、获得感和安全感。

三　天心区学有所教典型经验

天心区教育局

近年来，天心区在推动教育普及与质量提升方面取得显著成效，深受区内民众的广泛认可与好评。天心区在构建"学有所教"体系上的成功实践，不仅积极促进了其教育事业的发展，更蕴含了宝贵的经验与智慧。

（一）基本情况和成效

天心区地处长沙南大门，是省政府所在地、长株潭融城发展核心区。辖区内有市属初高中5所，区属高中1所、初中6所、九年一贯制学校5所、小学51所、幼儿园153所（其中公办54所）。全区中小学生、幼儿人数为11.6万，有教职员工7385人，其中在编教师3758人。

天心区委、区政府始终坚持教育优先发展战略，把教育作为最重大的民生工程、最持久的发展后劲、最响亮的区域品牌来抓，始终聚焦学前教育优质普惠、义务教育优质均衡、高中教育优质特色，积极探索新时代城市教育改革之路，全力打造人民满意的教育强区。天心区先后荣获"全国义务教育基本均衡发展区""全国中小学校责任督学挂牌督导创新区""全国基于教学改革、融合信息技术的新型教与学模式实验区""教育部义务教育优质均衡先行创建区"等 10 余项国字号荣誉，2019~2021 年教育工作连续三年获省政府真抓实干表彰奖励，三次获省政府重点工作大督查典型经验通报表扬，区域教育改革经验获《人民日报》《新华每日电讯》、央视《新闻联播》等专题报道，被省委、省政府内刊推介。

（二）主要做法

1. 聚焦优质普惠，夯实学前教育公共服务基础

天心区委、区政府把发展学前教育作为坚持教育优先发展的政治责任和以民为本、为民造福的基础大事来抓。一是强化政府主导。把学前教育列入全区"十三五""十四五"发展总体规划，科学统筹，全盘谋划。制定《天心区关于学前教育深化改革规范发展的实施意见》等文件，以更强责任担当，更大资金投入，更好配套保障推动公办、普惠园建设。建立部门定期会商机制，建立学前教育联席会议制度，制定学前教育规范管理实施方案、加强无证幼儿园清理整治工作方案等，明确区直相关部门和各街道发展学前教育的工作职责。区长办公会专题研究学前教育和公办园建设工作，一揽子解决公办园项目建设、师资引进、机构编制、教师待遇和安全监管等重点难点问题。二是强化资源扩充。大力推进公办幼儿园建设，近三年投入 3.3 亿元，新建公办幼儿园 14 所，新增公办园位 4230个。加快推进配套园回收，按照"应收尽收"原则回收楼盘配套幼

儿园 53 所，回收的幼儿园全部由区教育局直接举办为公办园，由政府负责装修装饰、运转经费保障和师资配备。重视闲置资产利用，将 6 所闲置小学改造成公办园，将已出租的 4 处房舍收回改为幼儿园功能室或室外场地，利用 1 处小学零星用地兴建公办园。在不改变集体用地的情况下，鼓励村集体与政府合作举办公办园，让农村孩子能就近上高品质公办园。目前全区公办、普惠幼儿园 138 所，普惠率达 90.3%。三是强化幼儿补助。认真落实《湖南省学生资助资金管理办法》等文件精神，通过"一卡通"阳光补助系统拨付"家庭经济困难幼儿入园补助金"。利用全国学生资助管理系统的数据比对功能，对拟资助幼儿名单进行复核，确保每一名符合条件的幼儿都能享受应有的资助，实现资助对象零遗漏。坚持"助前公示、助中监督、助后反馈"原则，资助工作全程公开透明，让资助工作在阳光下运行。2023 年春季补助家庭经济困难幼儿 205 人，拨付补助资金 111500 元；2023 年秋季补助家庭经济困难幼儿 239 人，拨付补助资金 119500 元。

2. 聚焦优质均衡，完善义务教育公共服务体系

重视夯实义务教育优质均衡发展根本生命线，扎实推进义务教育提质增效行动。一是学校建设更好。自 2013 年起，天心区连续实施三个学校建设"三年行动计划"，累计投入 64.22 亿元，完成 58 个中小学、幼儿园新建和改扩建项目，新增优质公办学位 9.8 万个。着力优化南部片区教育资源，投入近 32 亿元新（改、扩）建暮云片区中小学校，持续完善教育基础设施和功能配套，全区城乡义务教育学校办学条件差距明显缩小，基本实现每一位适龄儿童能"好上学"和"上好学"。二是经费保障更强。建立优先保障机制，基础教育经费被纳入每年区财政预算，实现专款专用、足额拨付，并实现逐年增加。近三年，全区一般公共预算教育经费从 14.91 亿元增长至 18.15 亿元，年均增长 10.4%，远高于财政收入增长水平；财政支出占比

从 19.3%提高至 23.4%。公办中小学、幼儿园生均公用经费标准统一为小学和幼儿园 800 元/人·年、初中 1000 元/人·年，全省靠前。坚持应补尽补、公开透明落实学生资助工作，成立天心区学生资助管理中心，有效落实资金申报、审批和发放等工作。2023 年全区共资助学前教育阶段学生 461 人次，资助金额 23 万元；资助义务教育阶段学生 4043 人次，资助金额 217.2875 万元。三是集团发展更快。创新教育现代化办学管理模式，成功培育从幼儿园到初中的 7 大本土教育品牌，先后成立青园、仰天湖、湘府英才、长郡外国语、师大附中双语 5 个中小学教育集团和幼幼、白沙 2 个幼教集团，办学覆盖学校（幼儿园）达 51 所，占比 44.3%。大力实施名校带动战略，通过"名校+新校""名校+弱校"、委托管理等多元合作办学模式，引进长沙四大五小名校到天心创办新校区 2 所，托管新建校、薄弱校 12 所。区属优质学校"手拉手"大托、南托、暮云等街道的 13 所偏薄弱学校，"以强带弱"进行精准帮扶，全面提升学校办学水平。四是改革步伐更实。在全国率先启动督学责任区建设，实现中、小、幼责任督学挂牌督导全覆盖。建立"四级联动督导"中小学校责任督学挂牌督导机制，建成教育督导工作信息化"一站两群四平台"，形成督政、督学、评估监测三位一体体系。重视国测结果运用，拟定《天心区 2021 年国家义务教育质量监测结果应用"教—研—训"三位一体行动指南》，实行国家义务教育质量监测结果三级反馈整改机制，连续 5 年国测结果反馈全区学生学习兴趣更浓、学业成绩更优、校际差异更小。目前，全区义务教育实行划片、免试就近入学，并均衡编班，严格控制学校规模和班额，"择校热"、上学远等群众关心的热点问题得到有效缓解。

3. 聚焦优质特色，强化高中教育公共服务保障

优质高中教育资源的扩大是学有所教的重要组成部分。天心区积极构建普通高中以优质特色作为关键办学理念，推动高中内涵建设发展。一是着力打造创新特色。深化高中素质教育，落实和推进"强基计划"，整体推进中学高品质发展。加强中学特色建设管理，结合区域创造教育特色，指导高中学校以创新教育为抓手，从课程建设、教学方式、学习方法、评价策略等方面创新思路，积极探索特色项目课程化、常规化、系统化，营造"时时想创新，处处能创新，人人会创新"的校园文化。强化校长特色办学过程监督，促进学校品质提升与品牌形成。雅礼书院中学成功创建为湖南省教育厅认定的唯一的"创新教育实验学校"。二是着力优化评价体系。贯彻落实《深化新时代教育评价改革总体方案》，建立健全小、初、高一体化学生综合素质评价体系，促进学生全面而有个性地发展。持续深化教育质量综合评价改革，把校园减负作为全区整治形式主义为基层减负工作专项，有效减轻基层教师、学生、家长负担。天心区创建为长沙市中学教育质量综合评价结果应用实验区。持续推进民办教育改革，成立规范民办教育发展工作协调小组，出台《天心区规范民办教育发展工作实施方案》，推动民办教育健康发展，满足群众的多样化需求。三是着力落实资助政策。坚持"人人知晓政策，生生应助尽助"，通过班会、家长会、校园网站等多种渠道宣传学生资助政策，确保家长和学生充分了解政策内容和申请流程。严格按照国家及地方相关政策要求，建立公平、公正、公开的评审程序，确保资助对象的准确性与合理性。对资助资金的使用情况进行严格监管和公示，确保资金使用的规范性和透明度。2023年全区高中教育阶段发放助学金599人次，资助金额66.6079万元；高中教育阶段免学费、教科书教辅费113人次，资助金额11.8579万元。

（三）经验启示

当前，天心区从建设教育大区、解决"有学上"、满足"学有所教"，转向了建设教育强区、解决"上好学"、满足"学有优教"的新发展阶段。天心区将继续坚定贯彻"坚持以人民为中心发展教育，加快建设高质量教育体系"要求，进一步增强紧迫感和责任感，重点突破、协同发力，全力打造全省一流、群众满意的教育高地，建设城市教育现代化发展的天心样板。

1. 强基础，在教育均衡上上台阶

强化政府统筹职能，把义务教育高质量发展作为长远发展的基础性战略性工程，不断加大教育发展要素保障力度，确保区域教育超前谋划、重点投入、优先发展。深入实施学校建设第三个三年行动计划，持续优化学校布局，加快推进长郡中学新校区、中雅培粹未央学校、长郡外国语实验中学南校区等重点项目及南部融城片区学校建设，让教育资源优势成为安居乐业首选天心的重要理由。

2. 提质量，在教育水平上攀高峰

在党建引领、品牌赋能、创新改革中选树一批典型，总结一些经验，打造更多质量更高、家长满意、学生喜欢的"名学校"；深入推进教育领军人才培养计划，探索教师管理、交流、评价、发展、激励机制，培育更多素质过硬、业务精湛、育人有方的"名教师"；持续推进基础教育课程改革，提炼一批新课程改革教研成果，创设更多特色多元、品质一流、智慧融合的"名课程"，吸引更多的孩子来天心求学，反哺更多的人才来天心创业。

3. 创品牌，在教育影响上开新局

以全面创建全国义务教育优质均衡发展区、全国学前教育普及普惠区为抓手，打造更多教育品牌。坚持集团化的办学方针，做强做优区域七大教育集团品牌，以点带面，孵化、培育更多的品牌学校，实现"办一所优一所"。办好天心家长学校，构建家庭、学校、政府、社会"四位一体"育人模式，汇聚"家园校社"育人合力，让居民群众因为子女在天心就读而感到安心、放心和自豪。

四　开福区劳有所得典型经验

开福区人民政府

近年来，开福区始终坚持以人民为中心，聚焦聚力公共服务优质共享，落细就业服务、做优社保服务、抓实劳动保障，2023年9月开福区作为湖南省"首站"迎接保障农民工工资支付工作国务院督察，11月代表长沙市迎接国务院督察组检查就业工作，获得上级肯定好评；2022年区人社局荣获"全国人社系统先进单位"，被评选为"湖南省根治拖欠农民工工资工作先进集体"，2023年荣获省政府"打好重点民生保障仗"表现优异单位。

（一）基本情况与成效

稳就业保就业，实现高质量就业，2024年以来城镇新增就业10352人次，城镇调查失业率与全市保持一致，开展补贴性职业技能培训（含创业培训）1145人次，零就业家庭实现动态清零，重点群体就业情况良好；落实"减免缓"政策，实现真金白银惠企，失业保险参保人数14.6688万人，基金收入1.40亿元，基金支出1.42亿元，基金滚存结余0.03亿元。发放失业保险待遇（含一次性生活补助金）5066.1342万元、29152人次，技能提升补贴131.34万元、881人次；构建和谐劳动关系，实现源头治理。接收各类举报投诉线索2.3万条，共帮助2.9万余名劳动者清欠1221万多元。开福区"一书一函，保障农民工工资支付"案例获评全省社会信用体系建设典型案例。

（二）主要做法

1.落实落细，就业服务更暖心

一是打造"零距离"服务品牌，扩大覆盖面。按照"一区域一市场—特色"原则建成 1 家视频文创零工市场、5 家社区就业微市场,创新打造"24 小时就业社保智屋",延伸"就业服务"广度。围绕开福区行业特色、产业发展和百姓需求,服务覆盖湘绣产业、视频文创及金霞产业园区、信创基地、烟火夜市和女性、高校毕业生等重点群体,共开展招聘活动、政策宣传等活动 56 场,服务群众 4856 人,服务企业 760 余家,发布岗位 2800 余个。二是组建"就业先锋队",提升实效性。集结全区 16 个街道、115 个社区、668 个网格员组成开福就业先锋队,上门上户走访辖区企业和离校未就业高校毕业生、就业困难人员等重点群体,建立供求信息收集发布机制,常态化开展群众家门口的小型招聘会、政策宣传和职业指导,做到"月月有主题,周周有活动"。已举办"夜市招聘""河畔她职场""高校毕业生专场招聘会"等各类招聘活动 46 场,服务企业 900 家,发布岗位需求 1.5 万个,服务覆盖群众 1 万余人。三是聚焦"全覆盖"服务机制,提升精准度。构建区、街道、社区三级纵向服务网络,建立困难大学生"3+1"三级领导联点帮扶工作机制;建立重点群体服务预警排查、定期报告、评估帮扶、跟踪回访"四位一体"帮扶机制,共接收未就业高校毕业生数据 1503 条,跟踪回访率达 100%,就业回访率达 100%,就业帮扶率达 97.41%,全区零就业家庭实现动态清零。

2. 做精做优,社保服务更温心

一是提升服务环境,高效便利群众。社保大厅增设自助服务区、业务办理区等多个功能区,群众来办事可根据大厅服务志愿者的引导进行排队叫号、自助填表、办理业务、了解政策,增加业务窗口至 16 个,日均业务接待量约 500 笔(含网办业务),接待能力有效提升 20% 以上,群众办事时间平均缩短 2 分钟。线上线下共接待办事群众近 40 万人次,为参保人员、企业办理社会保险业务 4.5 万条。二是部门数据联动,提升服务质效。与区医保局形成参保数据按月共享工作机制，将失业保险待领人员的医保参保情况数据进行共享，畅通失业保险医保代缴业务"先停保再代缴"流程，保障群众享受失业保险医保代缴权益。目前，共发放医保代缴1241.3380万元、28605人次。三是创新服务模式，打造社银微网点。为满足群众社保业务"就近可办""多点可办"的需求，与中国农业银行联合打造长沙市首个"社银合作"微网点，构建以人社自主经办服务为主体、银行合作经办服务为补充的网点化服务体系，银行大厅开设人社业务查询、认证、激活等7项业务，截至目前共服务3500余人次，形成高效便捷的"15分钟人社服务圈"。

3. 抓常抓长，劳动保障更安心

一是建强"中枢思维"。将根治欠薪工作作为全区重要政治任务抓紧抓好，形成区主要领导对根治欠薪工作常态化调度、重点案件跟踪督办，相关区领导对欠薪问题、信访案件、突发事件随时调度调解的工作格局。二是抓实"重点思维"。首创"项目通"小程序，比对各建设项目两网化平台的实名制通道打卡情况，预警农民工工资发放异常的建设项目，提前介入督促农民工工资发放到位。组建专班深入52个重点管理项目，检查项目部保障农民工工资制度牌、项目责任主体关系图、项目管理逻辑清单、劳动关系调解小组架构图等上墙公布情况，厘清各方主体责任，督促项目按月足额发放农民工工资。实行"项目档案管理制"，将全区每个建设项目基本情况、项目服务情况、劳动执法情况、农民工保证金管理情况"四个情况"建档造册，形成项目全流程管理闭环。三是构建"系统思维"。整合"国平台""12345政务热线"投诉等"七大平台"投诉渠道，建立线索台账，实行"日清日结日汇总日分析"制度，多维度分析重复投诉的市场主体和建设项目欠薪核心问题，聚焦欠薪易发多发行业企业，主动排查和积极化解双向发力，推动欠薪线索快立快处快结。建立特殊业务研究处置工作机制，成立工作小组，提请召开"特殊业务研究处置会议"，对特殊问题进行充分讨论研究，经集体会议研究后依法办理。目前，共收到6456条欠薪线索，其中建设领域线索2307条，为3332名劳动者追回工资6326万元。四是形成"综治思维"。组织16个街道为384家企业156464人免费提供和谐劳动关系知识培训8场。对全区人力资源机构进行"地毯式"检查，引导用人单位规范用工，维护劳动者合法权益。探索建立多元调解"四调"模式，推进劳动关系基层公共服务"一中心+N机构"体系建设，与法院形成劳动人事争议协商调解"总对总"工作机制；与司法局合作在劳动保障监察服务大厅设立"法律援助"窗口，接受咨询270人，受理案件75个，涉及金额约50万元；与工会共同打造"人社+工会"工作室，配置工作人员26人，调解案件45个，涉及金额145.5万元。打造妇女维权特色调解室，聚焦劳动合同签订、女职工禁忌从事的劳动范围规定、女职工产假待遇等妇女维权，有效维护女性劳动者的合法权益。目前，累计立案1415件，涉及金额3104.68万元，调处578件，涉及金额259.82万元，裁决385件，涉及金额296.5万元。

（三）经验和启示

1.必须坚持以人民为中心的发展理念

以劳动者为中心，突出问题导向、需求导向，针对不同劳动群体的特点精准精细提供服务。比如，为便于群众办理社保业务，与农业银行联合打造全市首个"社银合作"微网点，得到办事群众的一致好评。

2.必须完善机制确保常态长效

制度管根本、管长远，制度建设是一个根本性、全局性、稳定性和长期性的问题。比如，为保障农民工合法权益，建立领导常态调度、项目档案管理、线索日清日结等制度，推动形成项目全流程管理闭环，确保农民工及时足额获得劳动报酬。

3. 必须凝聚各方力量

服务保障群众"劳有所得"是一项系统工程，必须加强各方力量协同联动，形成共建共治格局。比如，发挥人社、法院、司法、妇联、工会等部门职能作用，完善劳动关系基层公共服务"一中心+N机构"体系建设，探索建立多元调解"四调"（未立先调、边立边调、庭审力调、诉前再调）模式，劳动争议调处成效持续提升。

4. 必须加快推动科技赋能

服务保障群众"劳有所得"工作点多线长面广，必须创新思路，用好大数据、人工智能等技术手段。比如，通过开发"项目通"小程序，优化数据模型、强化数字赋能，推动农民工欠薪监管关口前移，为快速介入、监督、处理欠薪问题筑牢防线、提供保障，进一步推动根治欠薪成效。

五　衡东县病有所医典型经验

衡东县卫健局

近年来，衡东县大力发展医疗卫生事业，取得显著成绩，群众满意度越来越高，有许多好的经验和做法。

（一）基本情况

衡东县共有 24 家乡镇（中心）卫生院，包括 1 家县直医疗机构（衡东县第二人民医院）、4 家乡镇中心卫生院、12 家建制乡镇卫生院和 7 家非建制乡镇卫生院。现有职工 1194 人，其中专业技术人员 1086 人，占 90.95%；乡镇卫生院编制床位 1304 张，实际开放床位 1335 张；全县共有行政村卫生室 231 个，乡村医生 475 人，医疗标化服务人口数达到 56 万人次。截至 2024 年 8 月底，乡镇（中心）卫生院门诊报销 313210 人次，住院 114273 人次，下派专家查房达 2400

余人次、开展带教手术 92 台、业务培训课 180 余次，"心电一张网"服务达 6500 多人次。基本建立了以县级医疗机构为龙头、乡镇卫生院为枢纽、村卫生室为网底的三级医疗卫生服务体系，实现基本医疗卫生服务全覆盖，满足了不同层次、不同人群的就医需求，基本能承担起预防保健、基本医疗、健康教育等基层卫生工作任务。

（二）主要做法和成效

1. 坚持民生保障，提升基本公共卫生服务

一是基本公共卫生服务持续推进。常态化开展健康教育、健康素养促进行动，基本公共卫生服务项目各项指标均达省级要求。二是家庭医生签约服务稳步落实。与辖区内的慢性病人、老年人、残疾人、妇女儿童等愿意接受家庭医生服务的重点人群签订家庭医生服务协议书，提供建立健康档案、电话咨询、入户随访等服务，重点人群家庭医生签约率远超 60%，脱贫人口、监测对象、五保户、低保户等农村低收入人口家庭医生签约率为 100%、签约服务到位率为 100%。

2. 坚持能力提升，优化医疗服务体系

一是完善基础设施。完成多家医院的建设与修缮；开通乡镇（中心）卫生院专网建设；启动 5G 智慧化急救体系建设，建立覆盖省市县三级的院前急救网络，配备相应的医疗设备，达到同质化信息调度指挥效果；全县 7 个单位创建数字化预防接种门诊；全县 17 个乡镇（中心）卫生院建立慢病"一站式"门诊。二是落实待遇保障。231 个行政村卫生室门诊统筹报销实现全覆盖，开通进度位居全市第一。2023 年报销门诊总人次占比 88%，位居全市第二；截至 2024 年 8 月，231 个行政村卫生室实现基本药物全覆盖。三是完成达标建设。2023 年，争取县财政投入资金 499 万元，严格按照"四统一"要求，高标准完成 61 个村卫生室标准化建设，完成率为 135%。四是加强队伍建设。持续开展卫健系统专业技术人员招聘工作，2019~2023 年已录用 495 名专业技术人员；不断壮大基层卫生人才队伍，每年选派基层医疗骨干到市第一人民医院参加全科医生转岗培训，本土化专科层次人才累计培养 47 人，乡村医生专科学历本土化培养 41 人。

3. 坚持深化医改，下沉优质医疗资源

一是分期分批推广。推行"2+3"医共体试点工作；全面铺开"2+6+18+231"医共体建设，形成以县人民医院和县中医医院为龙头、乡镇卫生院为枢纽、村卫生室为基础的三级医共体联动服务体系，引领总院人才下沉、技术下沉、重心下移，构建"基层首诊、双向转诊、急慢分治、上下联动"的分级诊疗秩序。二是推动特色特点。各分院结合自身优势和当地特点，着力打造"一乡一特、一院一品"亮点。县中医院医共体大浦分院借助总院优势做大做强中医理疗针灸特色，县人民医院医共体草市分院根据当地结石病人多等特点新增体外碎石科。三是推进培训培育。邀请专家团队来讲学讲座、坐诊查房；各总院每月组织副主任医师下沉分院举办培训学习班，各分院积极推行"上送进修，下派锻炼"方式抓技能学习。四是人才人力支撑。共选派 35 名执行院长和业务主任下沉到二级医共体总院和分院，积极开展带教手术、业务培训、诊疗病人等医疗技术帮扶，基层诊疗占比提升到 75.7%，基层诊疗能力有所提升。五是网络信息联动。县人民医院医共体总院与大浦分院签订远程影像会诊合作协议，解决了放射影像诊断和远程医疗教学等难题；以县人民医院心电诊断中心为主体，以 17 家乡镇（中心）卫生院、54 家业务量较大的村卫生室和部分民营医院为"网点"，拉通县乡"心电一张网"，提高心电图危急值检出率，缩短高危胸痛患者黄金救治时间，提升危重心血管患者救治率和抢救成功率，实现了"基层检查、上级诊断"的高效模式。六是部门单位协作。县医保局进一步落实医保政策支持，医共体内住院上下转诊只取最高一次起付线，减轻群众就医负担；县财政在资金短缺情况下，投入 560 多万元，全力支持医共体信息化建设、重点学科建设等公共服务，兜牢了医疗卫生服务底线。

4. 坚持保障用药，减轻群众医药负担

一是强化考核促动。建立基本药物优先使用激励约束机制，将基本药物配备使用金和品种数量占比纳入公立医院年度绩效考核评分指标，考核结果与医院综合改革补助资金挂钩；将基本药物纳入医院绩效考核指标体系，考核结果与医务人员个人薪酬挂钩，切实调动药事人员工作积极性。二是强化监测联动。依托全民健康信息平台和药品集采平台，建立健全药品使用监测网络，实现短缺药品早发现、早预警、早处置，最大限度地保障临床用药需求，做到突出基本、保障供应、服务群众。三是多方式抓管理。严格管理规范，村卫生室所需药品必须到乡镇卫生院统一采购，严禁网外采购、私自采购；严格采购程序，乡镇卫生院所需基本药物采购计划要按照局基药股审核、分管领导审批的程序进行；严格资金拨付，局会计核算中心负责对药品采购费进行统一审核支付，保障药品配送企业资金及时回笼，实现了采购范围、采购程序、资金拨付协调联动推进。四是多渠道抓规范。把统一药品采购和统一使用目录纳入医共体考核指标，不定期开展督查考核和结果通报，实现了从单一医疗机构药学服务和药品使用管理转变为对医共体的整体管理。五是多环节抓安全。对基本药物的计划报送、网上采购、入库验收、储存保管、临床使用、效果评价等各个环节实行全链条监督，做到程序合理、手续齐全、责任到人、监控严密、质量优先、疗效追踪，确保不因制度漏洞及人为疏忽而出现安全隐患。六是多培训抓实效。邀请三甲医院药学专家开展专题讲座，组织县内药师开展集中学习、案例教学、临床带教等培训活动，培养了一支高水平的县直医院药师队伍；组织医共体总院药师专家开展技术帮扶、现场指导，建立了一批高效率的医共体分院（乡镇卫生院）药师队伍。同时，开展大型药物政策业务培训，进一步规范基层医疗机构药品使用和管理，为群众在基层用药安全提供保障。

（三）经验启示

1.强思想，树牢为民服务意识

坚持和加强党的全面领导，从破解人民群众"看病难、看病贵"问题着手，在提高群众获得感、幸福感和安全感上下功夫，把惠民、利民、改善民生作为重要方向，精准识别不同人群对基本卫生服务的需求，精准供给，优质有效，不断为人民群众提供全方位、全周期健康服务。

2.稳基础，加强制度体系建设

完整协调的医疗卫生服务体系是提供高质量医疗卫生服务的基础。着力补齐医疗卫生体系短板，围绕设施建设、人才培养、分级诊疗等方面稳步推进紧密型县域医疗卫生共同体建设，不断完善基础医疗设施，健全人才培养制度，引导优质医疗资源下沉基层，加强县乡村医疗服务协同联动。

3.提效能，发挥科技支撑作用

加强科技力量是提升医疗卫生服务效能的关键。发挥科学研究、科学技术和科学理念对织牢织密医疗卫生防护网的支撑作用，推进科研、科技与科普在监测分析、防控救治、资源调配中的应用协同作用，充分发挥大数据、人工智能、云计算等数字技术的功能，推进医疗卫生领域治理体系和治理能力现代化。

六　湘乡市老有所养典型经验

湘乡市民政局

随着人口老龄化的加速发展，县域养老服务体系的建设与完善已成为当前社会关注的热点问题。近年来，为实施积极应对人口老龄化国家战略，湘乡市坚持以习近平新时代中国特色社会主义思想为指导，全面贯彻落实党的二十大精神，坚持以人民为中心的发展思想，按照国、省、市相关文件精神，坚持尽力而为、量力而行。2024年，湘乡市以全国县域养老服务体系创新试点为抓手，强力推动湘乡市在县乡村农村养老服务网络建设、居家社区机构协调发展，特别是民办养老机构的发展等方面做出特色亮点。

（一）基本情况

根据第七次全国人口普查结果，截至2020年底，湘乡市常住人口为73万人，目前湘乡市60岁以上的常住老人近17万，占比23.6%，65岁以上常住老人13万，占比17.81%。其中居住在农村的老人140435人，占比80%，城镇老人35029人，占比20%。全市登记在册养老机构41家，民营养老服务机构28家（医养结合1家，非营利性机构11家，市场监督管理局登记注册16家。市城区仅1家，其余27家均在农村）。公办养老机构13家，床位1050张，入住特困老人498人。建成全失能照护中心一处，目前接收了全失能特困老人60人，半失能特困老人50人。公建民营2家，其中一家主要是集中照护全失能困难残疾人。民办机构拥有养老床位1250张，入住老人772人，入住率达61.8%，入住老人平均年龄83.7岁，机构负责人平均年龄48岁，文化程度主要是高中、中专水平。根据市场监督管理局注册情况，湘乡市名称含养老的企业有38家、个体户4户；经营范围含养老的企业45家、个体户10户，体现了湘乡市民办养老机构类型多样。从入住老人缴费情况看，使用养老金缴费的仅占20%，子女供养缴费的占80%，未富先老是主要状态。

（二）主要做法与成效

1.加强政策引导与规划布局

一是制定发展规划。"十四五"以来，湘乡市严格按照《湖南省老龄事业发展和养老服务体系"十四五"规划》要求，结合湘乡市实际制定并出台了《湘乡市推进养老服务高质量发展三年行动方案（2021—2023年）》（湘乡政办发〔2021〕23号）、《湘乡市推进养老服务体系建设三年行动方案（2023-2025年）》《湘乡市促进养老服务产业发展的若干措施（试行）》《湘乡市基本养老服务清单（2023版）》（湘乡政办发〔2023〕19号），明确了养老服务体系建设的总体目标、重点任务和保障措施。二是完善政策支持体系。按照"保基本、兜底线、均等化、强监管、促发展"原则，坚持量力而行、尽力而为，分层分步实施，贯彻落实国省相关文件精神，总结归纳原有做法，学习借鉴外地先进经验，征求相关部门意见，根据部门反馈意见修改完善，并经市司法局合法性审查后，出台了促进养老服务产业发展的若干措施试行版。按照"补助一点、减免一点、政策口子开一点"三类方式，促进养老服务产业。"补助一点"包括支持智慧养老平台建设、鼓励提升服务质量、促进老年消费、加大养老护理员培训表彰力度、探索优秀养老护理人才引进等5条措施。"减免一点"包括降低养老服务机构用地成本、完善基层养老服务设施供给、盘活闲置资产、培育龙头企业等4条措施。"政策口子开一点"包括提高养老机构医护人员待遇、加大金融支持力度、强化税费支持等3条措施。

2. 推进养老服务设施建设

一是加强机构养老建设。加大公办养老机构建设力度，鼓励和支持社会资本兴办养老服务机构，形成公办、民办、公建民营等多种模式并存的格局。目前，湘乡市共有养老服务机构41家，其中公办13家，民办28家，近三年，湘乡市投入2000多万元对全市敬老院进行了全面提质改造（包括消防设施建设、厨房改造、护理床位建设、适老化改造等），增加了护理型床位140张。向28家民营养老机构发放建设补贴26.2万元、运营补贴81.4万元及星级评定、消防安全隐患清除等费用 57 万元。到 2023 年底，湘乡市通过四部门联合（民政、住建、消防、市场监管）验收，对全市民办养老机构安全隐患实现了清零。二是推进机构、社区、居家融合养老。推广居家养老服务模式，通过政府购买服务、社区志愿服务等方式，为湘乡市老年人提供生活照料、健康管理、精神慰藉等多元化服务。在突出抓好公办、民办养老机构建设的同时，政府把工作重点放在居家养老服务的建设和管理上。建设"我来助"湘乡养老服务智慧平台，实现湘乡市养老服务"服务监管，一屏在手；服务内容，一目了然；服务需求，一呼即应"。整合现有资源，建设了龙城长者食堂 3 家、嵌入式老年助餐 5 家、物业+老年助餐 1 家。投入 300 余万元，建成 38 个社区日间照料中心，240 个村级养老互助示范服务点，新增养老床位700 余张。"十四五"时期湘乡适老化改造任务为 2010 户，2024 年已完成 1403 户特殊困难老年人家庭适老化改造，完成率达 70%，为居家养老的老人提供服务和帮助。指导建设湘乡市东风社区综合养老服务中心，由广东好孝心养老产业有限公司社会化运营，服务中心总面积约 1400 平方米，设有健康教育、长者食堂、老年大学、居家养老、健康产品、休闲娱乐、康复理疗等多个功能区，集"助餐食堂+理疗养护+文娱活动"等特色服务于一体，有效将机构、居家、社区养老有机融合，为辖区老年人提供多层次、多元化养老服务。三是促进医养、康养融合发展。积极推动医养康养融合发展，通过签订合作协议、设立标准化医务室等方式，为老年人提供医生坐诊、康复护理、生活照料、临终关怀等全方位服务。全市养老机构均与医疗机构建立了紧密的合作关系，实现了医疗服务的无缝对接。同时，全市医疗机构、社区卫生服务中心、村卫生室均开通了老年人就医绿色通道，为老年人提供便捷、高效的医疗服务。支持尚如湖铁医院发展医养结合，利用医院特色康复专科，开辟老年人特色专科康复模式，新增医养床位 100 张。

3. 提升养老服务质量

一是开展常态化督查，完善措施抓长效。围绕全市养老服务领域安全工作要点，从食品安全、消防安全、环境安全、管理安全等方面细化任务，明确机构自查、市局督查、部门联合检查等细则，将安全生产工作与日常工作同部署、同推进、同考核，在对全市养老服务机构开展全面、细致的隐患排查时，对发现的隐患立即交办，制定台账，切实做到安全检查"全覆盖"，隐患整改"零容忍"。二是打造标准化建设，力争实现规模化提升。落实省、市重点民生实事，分批次对敬老院开展设施改造提质，围绕院内环境、适老化设施、线路改造等，制定一院一策改造方案，对房屋进行修缮、线路进行整改，保证设施设备完整好用，切实提升院内老人安全感、舒适感、幸福感。同时，组织机构安全专干、法人开展安全生产培训，对全市养老护理从业人员进行消防实操实训，增强安全意识，强化人才队伍建设，全面打造标准化机构，做到规模化提升。

4. 强化养老服务人才队伍建设

联合市发改局、市财政局、市人力资源局制定并出台了《关于促进湘乡市养老从业人员队伍建设的若干措施》（湘乡政办发〔2022〕75号），建立职业技能竞赛和常态化表彰激励机制，健全养老护理员补贴制度，完善医养康养领域专业建设和养老服务从业人员培训机制，定期组织养老从业人员专场招聘会，建立养老从业人员数据库，开发养老服务类公益性岗位，大力培育为老服务社会力量。

（三）经验启示

1. 加强政策支持与规划引领

制定完善的政策体系，结合本地实际情况，制定出台了一系列支持养老服务发展的若干措施，包括土地供应、资金扶持、税费优惠等，为养老服务体系建设提供有力的政策保障。科学规划养老服务设施，根据县域人口分布、老龄化程度等因素，合理规划养老服务设施布局，确保养老服务设施的覆盖范围和服务能力能够满足老年人的需求。建立健全监督评估机制，加强对养老服务政策执行情况的监督检查，建立科学的评估指标体系，定期对养老服务质量进行评估，及时发现问题并加以解决，确保政策落实到位。将养老服务工作纳入年底绩效考核，有力推动养老服务工作开展。

2. 推动多元化养老服务供给

发展居家养老服务，以社区为依托，整合各类服务资源，为居家老年人提供生活照料、医疗护理、精神慰藉等多样化的服务。通过建立居家养老服务信息平台，实现服务需求与供给的有效对接。强化社区养老服务功能，加大对社区养老服务设施的建设投入力度，完善社区养老服务中心、日间照料中心等设施的功能，为老年人提供就近、便捷的养老服务。鼓励社区开展形式多样的养老服务活动，营造尊老、爱老、助老的良好氛围。促进机构养老服务提质增效，加强对养老机构的规范管理，提高养老机构的服务质量和安全水平。鼓励社会力量兴办养老机构，通过公建民营、民办公助等方式，推动养老机构多元化发展。同时，积极推进医养结合，提高养老机构的医疗服务能力。

3. 加强养老服务人才队伍建设

加大人才培养力度，依托职业院校、培训机构等，加强养老服务专业人才培养，开设养老护理、康复保健、管理服务等相关专业课程，提高养老服务人才的专业素质和技能水平。提高人才待遇，制定出台养老服务人才激励政策，提高养老服务从业人员的工资待遇和社会地位，吸引更多的人才投身养老服务事业。加强志愿者队伍建设，广泛动员社会力量参与养老服务，建立健全养老服务志愿者招募、培训、管理和激励机制，鼓励志愿者为老年人提供各类志愿服务。

4. 推进养老服务信息化建设

建立养老服务信息平台，整合各类养老服务信息资源，建立覆盖县域的养老服务信息平台，实现养老服务信息的互联互通和共享共用。通过信息平台，老年人可以方便地查询养老服务机构、服务项目、收费标准等信息，实现线上预约服务。加强信息安全管理。建立健全养老服务信息安全管理制度，加强对养老服务信息平台和智能化养老服务设备的安全防护，确保老年人的个人信息和隐私安全。

5. 强化养老服务资金保障

加大财政投入力度，将养老服务事业纳入财政预算，逐年加大对养老服务的投入力度，确保养老服务设施建设、运营补贴、人员培训等方面的资金需求。拓宽资金筹集渠道，鼓励社会资本参与养老服务体系建设，通过政府购买服务等方式，吸引社会资本投入养老服务领域。同时，积极争取上级部门的资金支持和政策扶持。加强资金管理和监督，建立健全养老服务资金管理制度，加强对资金使用的监督检查，确保资金专款专用，提高资金使用效益。

6. 营造良好的养老服务发展环境

加强宣传引导。通过多种渠道和形式，广泛宣传养老服务的重要意义和政策措施，提高社会各界对养老服务的认识和关注度，营造全社会关心支持养老服务事业发展的良好氛围。推进养老服务标准化建设。制定完善养老服务标准体系，加强对养老服务机构的标准化管理，提高养老服务的规范化水平。加强部门协作。建立健全养老服务工作协调机制，加强民政、财政、市场监督、自然资源、住建、人社、卫健等部门之间的协作配合，形成工作合力，共同推动养老服务事业发展。

七 雨湖区住有所居典型经验

雨湖区人民政府

始终坚持房子是用来住的、不是用来炒的定位，加快建立多主体供给、多渠道保障、租购并举的住房制度，让全体人民住有所居。作为湘潭的城市起源地、老城区、城郊结合部，相当一部分的房屋建成年代久远、破损严重、隐患突出。近年来，雨湖区以实干加巧干，攻坚克难，大力推进城镇棚户区改造和发展保障性租赁住房、城镇老旧小区改造、农村危房改造等保障性安居工程，工作举措得到国家住建部、省市级肯定，并被国、省宣传推介。其中2022年实施城市更新行动、推进棚户区改造等工作获省政府真抓实干督查激励；2023年沿江段老旧小区改造配套基础设施建设项目（大码头—关圣殿）被湖南省住建厅作为典型项目案例予以推介。

（一）基本情况

雨湖城区改造工作，先后经历背街小巷提质改造、棚户区改造、老旧小区改造三个阶段，其中棚户区改造方面，2010～2023年，实施棚改项目168个，涉及47010户，推动滨江风光带、窑湾历史文化街、万楼、湘潭火车站等地的完美重塑、蜕变升级。2019～2020年，随着国家棚改政策收紧，雨湖区聚焦老旧小区改造，并先于国省政策出台前行动，采取专班推进、专题研究、专项调度的模式，逐步在实践中摸索出一套"雨湖模式"，2020～2024年共实施284个老旧小区改造，受益居民3.94万余户，尤其是和平美好社区，多次获住建部的重点推介。此外，根据省市要求，雨湖区提前申报2025年计划，增补申报老旧小区改造项目44个，涉及105个小区、517栋房屋、14387户。

同时，全力开展保障性住房工作，其中公租房保障方面，雨湖区乡镇街承担初审职能，同时根据市住建局、财政局联合下达公租房租赁补贴通知，通过一卡通系统发放租赁补贴。2021年第四季度至2024年第二季度，市级共下达公租房租赁补贴464.08万元，受补贴512人。保障性租赁住房方面，2022～2023年，实施保障性租赁住房项目 11 个，共 1007 套。2024 年正在实施保租房项目 4 个，共 243 套。此外，大力推进农村危房改造，2022~2023 年共实施农村危房改造 78 户，补助资金共 204.5 万元。2024 年实施农村危房改造 48 户，补助资金共 129.7 万元。

（二）主要做法

1. 聚焦民生属性，让棚改居民感受"实"

一是坚持"规划先行"。对辖区内城市老危楼开展入户摸底调查，细化改造范围和计划，每年对下一年度的棚改工作提前摸底调研，做到早谋划、早部署。同时，严把项目"准入关""审核关"，有效避免"搭车上路"的情况。注重成片改造与零星改造相结合，创新推出部门分户包干等方法。二是坚持"因地制宜"。采取"拆"和"改"的方式对棚户区进行改造。一方面集中攻坚，推动三桥北、河西滨江片区、窑湾—白石等重点片区的征拆、建设工作，形成集中连片整体推进；另一方面充分利用国、省优惠政策和专项补助资金，将城镇危旧房列入棚户区改造范畴，实施"宜居精美社区"试点项目——风车坪社区综合整治，相关经验做法得到国、省媒体推介。三是坚持"片区开发"。特别是湘潭北二环城中村改造项目，紧邻湘潭大学，引入中铁五局，以湘大附属实验学校为核心对片区进行开发建设、产业发展与运营管理。项目一期于 2020 年启动并投入运行，成功解决湘潭大学教职工子女就学问题，填补了雨湖基础教育一流名校的空白。

2. 聚焦老旧改造，让小区群众住得"优"

一是连片改造。在实施老旧小区改造前，将位置相邻、文化相连、生活相关的老旧小区划分为一个整体，一体化实施，最大限度地挖掘片区价值，有效规避单点作战、单线建设的弊端。譬如和平美好社区就包含 14 个老旧小区、102 栋房屋，面积达 28.33 公顷，实施方案作为全省"方案编制模板"被推荐。二是共同缔造。在改造过程中，让群众按需点单，由群众决定拍板，明确基础类、完善类和提升类清单，做到居民支持率达100%、参与率达90%以上。改造中严格按照"八个到场"（街道社区、业委会和业主代表、闲置资产所有人、管线单位、潜在社会资本方、规划设计单位、咨询公司、专业技术力量到场），集多家意见制定方案，推动手续"四个同步"（手续同步办理、设施同步改造、管网同步铺设、环境同步保障），确保改造科学合理，实现内外同改、上下同修、软硬兼施。三是先行锻造。紧扣政策，协调联动争资争项，2020～2024年，共争取各类政策资金4亿余元。特别是专项债方面，2020年初支持政策一出台，便立即申报总投资达12.32亿元的统包项目，目前已获批3.16亿元，成为湖南省首个发行老旧小区政府专项债的县市区。

3. 聚焦传承创新，让城市记忆焕发"美"

一是致力于记忆焕新。秉承"保护优先、拆留并举"原则，延续历史文脉，传承老湘潭记忆。推动万楼青年码头、窑湾历史文化街区等成为城市新名片；河西滨江片区棚改项目保留并修复了关圣殿、秋瑾故居、宽裕粮行、罗祖殿等地多处历史文化遗存；引导修缮破损的古双巷一号民居、张云德堂等历史建筑。二是致力于城市更新。采取建设、投资、运营、管理"四位一体"模式，统筹推进基础设施、步行和休闲空间、景观业态、治理结构等四大更新改造。例如在大码头——关圣殿沿江段老旧小区改造项目中，拆除"4W空间"（微小建筑、围墙、违建、危房），构建"健行潭州"人行健步系统，打造古双巷、建设巷、马家巷等历史步道。三是致力于特色创新。结合雨湖门文化、楼文化、红色文化等特点，推进街道建筑的有机更新，如在窑湾历史文化景区，尊重街区历史和居民需求，用一个个"微而新"的举措，留住街区小巷的老味道。同时，深度挖掘老城区的历史文化街区、历史地段和有保护价值的老街老巷。例如，在关圣殿社区、罗祖殿社区、观湘门社区等地，仍保留着民国时期的建筑风格特色。

4.聚焦危房改造，让危房群众住得"安"

坚持将消除城镇危房安全隐患作为改造中的重点，自建房安全专项整治工作走在全市前列，推动湘潭大学周边自建房安全隐患整治经验获省推介。一是深入访。创新"五个一"方式，即发放一套宣传资料、开展一次政策宣讲、收集一次房屋信息、签订一份安全承诺、排查一次安全隐患，通过反复讲、多次劝、深入谈、规范引，做到走访全覆盖，打开了群众心结。二是强整治。创新"先拆除、后鉴定"模式，对C级、D级危房不分房屋性质、不分区域，采取"先关停、后鉴定、再整改"，迅速完成住宿人员疏散、经营物品搬离、房屋安全鉴定，为后续工作提供操作样板。三是常态管。针对部分区域管理无序、责任不明的状况，严防问题反弹，增设文化体验功能，让人走进去就身临其境；选定有资质、有实力的物管公司，建立多方联动机制，实现环境卫生、经营行为等管理规范。四是回头看。针对农村危房改造，积极推进农村六类对象住房安全保障工作，并落实中央、省区市开展群众身边不正之风和腐败问题集中专项整治行动要求，对2018~2023年危房改造785户对象开展"回头看"，经三轮回访，未收到疑似房屋质量问题和没收到或收到部分补助等情况反馈。

（三）经验启示

1.坚持政府主导，政策保障

雨湖区高度重视住房问题，将住有所居作为重要的民生工程，纳入重要议事日程，为工作的顺利开展提供了坚强的组织保障。认真贯彻执行上级关于城镇老旧小区改造、棚户区改造、保租房建设工作等文件要求，制定出台《雨湖区2024年农村危房改造实施方案》等政策，加大资金投入力度，为住有所居工作提供了有力的政

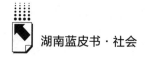
策和资金支持。

2. 坚持因地制宜，因需而行

结合雨湖区的产业发展规划，合理布局住房建设。一方面，围绕工业园区等产业集聚区建设保障性住房，为企业员工提供便捷的居住条件，吸引人才流入。另一方面，对老旧小区进行改造升级，改善居民的居住环境和生活质量，提高住房的使用价值。同时，积极探索创新住房保障和房地产市场管理模式，提升工作水平和成效。

3. 坚持共同参与，共建共享

加强部门工作协调，住房问题涉及多个部门，各部门密切配合，形成工作合力，共同推进住有所居工作。企业积极承担社会责任，房地产企业积极参与保障性住房建设和老旧小区改造，为社会做出贡献。一方面，建设质量可靠、价格合理的保障性住房，为中低收入群体提供安身之所；另一方面，提升老旧小区居住品质，让"忧居"变"优居"。

八 望城区弱有所扶典型经验

望城区民政局

长期以来，望城区聚焦群众需求，在兜底线、开新局、优服务上下功夫，进一步规范分层分类社会救助帮扶工作，推动社会救助从"保生存"向"保基本、防风险、促发展"拓展，努力让人民群众的获得感成色更足、幸福感更可持续、安全感更有保障。

（一）基本情况

望城区管辖面积约 720 平方公里，辖 11 个街镇、130 个村（社区），其中包括 78 个村、15 个农村社区、34 个城市社区，常住人口约 80 万人。截至 2024 年 8 月，望城纳入低收入人口动态监测对象

1.6万人，占总人口的2%，其中低保对象10221人、特困人员2247人、困境儿童1249人、困难残疾人6500人、低保边缘人口2387人。

（二）主要成效

1.救助部门从"各自为政"到"联动推进"

望城着力提高困难群众帮扶整体效能，通过出台《巩固拓展民政领域脱贫攻坚成果同乡村振兴有效衔接实施方案》《望城区社会救助兜底保障对象帮扶长效机制工作方案》《望城区城乡特殊困难对象帮扶慰问方案》等"一揽子"文件，逐步形成"政府主导、社会参与、制度健全、政策衔接、兜底有力"的综合救助格局，先后在医疗救助、教育资助、住房救助、应急救助和慈善救助等方面开辟绿色通道，构筑起"一条龙""一链式"救助帮扶服务。

2.发现方式从"人找政策"到"政策找人"

依托望城特色的"热线+网格、吹哨+报到"基层治理格局，"区—街道（镇）—社区（村）—居民小组"四级联动主动发现机制不断健全。现阶段，望城在村、社区层面实现"雷锋哨"工作站全覆盖的基础上，确保了网格内困难群众"急、难、愁、盼"线索收集的精度和效度。此外，依托"救助通"、大数据核对、部门数据共享等信息化手段，望城精准识别重点监测对象预警信息，建立"纵向到底，横向到边"主动发现网格，实现"应办快办、急事特办"，推动了从"人找政策"到"政策找人"的转变，实现困难帮扶无盲区。

3.救助服务从"单一主导"到"多元参与"

望城以"五社联动"项目为载体，打造"1个区社工总站+11个街镇社工站+130个社区（村）社会工作和志愿服务点"三级社会工作体系，初步组建起主体多元、内容多维、形式多样的"救助帮扶共同体"。通过整合政府、社工、志愿者、慈善组织等社会资源，广泛开展款物援助、心理疏导、社会融入等服务，2023 年望城整合政府资源、链接社会资源，共为 8000 余名困难群众提供救助帮扶。针对现有政府救助资源和救助政策无法覆盖的困难人员，及时转办转介到社工慈善组织开展定制、多元、个性化服务。

（三）主要做法

1.动态监测，将"主动发现"与"精准比对"结合

确保社会救助数据的时效性、精准性和全面性，是做好低收入人口动态监测和常态化救助帮扶的关键之举。望城围绕"兜住底、兜准底、兜好底"的目标，进一步强化救助对象动态监测管理，特别是针对就业状况变动、已死亡人员、残疾等级变更等情况加强信息互联核查，切实将"应保尽保、应退尽退"落到实处。一是强化动态监测。每月对已经纳入低保、特困等救助帮扶范围的低收入人口，做好动态管理和跟踪监测服务，织密筑牢困难群众基本生活保障网。二是强化数据比对。通过民政、人社、乡村振兴、残联、卫健、财政等部门横向协作，立足线上、线下资源共享，定期开展已有数据比对和未来数据预测工作，严防"死亡补贴"等违规事件发生。如，医保局推行"政策找人"新招数，依托大数据赋能，定期将其他部门推送的困难对象数据与医保系统待遇享受人员进行精细比对，进而精准筛查应享受医疗救助而未实施"一站式"医疗救助人员。

2.细化举措，将"分层分类"与"精准保障"结合

在望城，按照困难程度将低收入人口划分为 3 个圈层，针对不同困难类型的低收入人口实施差异化救助帮扶。其中，第 1 圈层为特困人员、低保对象，主要实施基本生活救助及专项救助。第 2 圈层为低保边缘家庭，第 3 圈层为刚性支出困难家庭、防止返贫监测对象和经部门认定的其他困难人员，主要按照"什么困难救什么"

原则，给予医疗、教育、住房、就业等专项救助和临时救助，有效防止和避免"悬崖效应"。此外，望城困难群众基本生活保障联席会议协调机制的建立，为推动社会救助从"保生存"向"保基本、防风险、促发展"拓展提供了强力支撑。依托该机制，民政、教育、住建、卫健、人社等部门，按照分层管理、动态监测、因需推送、结果反馈的标准化流程，将对象的教育、住房、医疗、就业等需求信息推送至相关部门，形成了高效的"一户（人）一条救助帮扶链"的梯度救助格局。

3.创新引导，将"政府救助"与"慈善帮扶"结合

作为雷锋的家乡，为满足救助对象个性化、多样化需求，望城坚持以雷锋精神推动弱势群体帮扶工作，在培育和扶持慈善力量参与困难帮扶上摸索出了"望城路径"。在培育发展各类慈善组织方面，大力发展扶老助残、恤病救孤、助学助医等领域慈善组织，同时鼓励各类社会主体通过成立慈善组织、设立冠名基金和项目、参与捐款捐物、提供公益慈善服务等形式，承担社会责任，贡献爱心力量，"雷锋慈善会""社工雷小锋""澳优·格桑花公益行"等众多慈善品牌在望城落地开花。望城尤其重视培育社区慈善组织，设立社区慈善基金，截至2024年8月，共设立社区（村）发展基金126只，募集慈善资金656万元。在引导慈善组织发挥作用方面，望城致力于鼓励和支持慈善组织发展志愿服务队伍，并动员广大市民和专业人员参与雷锋志愿服务。目前，望城区注册志愿者人数超过常住人口总数的23%，"雷锋哨""雷锋号""雷锋580（我帮您）"等成为享誉区内外的学雷锋志愿服务品牌。不仅如此，望城还成立了区级层面的学雷锋志愿服务促进中心等专业机构和组织，先后推出"四季'锋'行扮靓望城""认领微心愿"等7300余个志愿服务项目，让"雷锋家乡学雷锋"成为社会救助、社会工作等事业发展昂扬前行的不竭源泉。

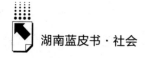

（四）经验启示

1.形成强大合力

困难群体总体上可划分为绝对困难群体、相对困难群体和其他困难群体三大圈层，为此需要构建多维识别指标体系，对照经济状况、健康状况、教育状况等，对困难群体的救助需求进行调查和评估，开展综合研判和预警，让困难群体得到精准的救助帮扶。首先，健全精准识别机制。建立"线上+线下"联动预警机制，强化救助对象主动发现和精准识别。线上，以数字赋能实现低收入人口动态监测；线下，加强"雷锋哨"式的网格化管理，健全探访关爱和主动发现制度。其次，完善救助需求综合评估机制。依据动态监测、预警结果构建监测预警评分模型，进行家庭精准画像，对救助需求进行综合评估，实施个性化、差异性救助。最后，健全长效帮扶机制。发展技能培训、再就业、法律援助等专业服务类社会救助，推进"造血式"救助帮扶，激发救助对象的内生动力。

2.强化供需匹配

善于利用联席会议等行政工具、大数据分析等技术手段，建立跨部门的行政决策和信息比对机制，加强低收入人口数据库建设并进行有效的动态监测，有效研判困难群体的救助需求。可以探索构建多维度救助家庭需求模型，从困难群众的高频需求和关键问题入手，将困难群众需求梳理为环境改善、家庭支持、照料护理、生活服务、健康管理、精神文化、安全服务等不同类别，采取标准化手段，统一编制社会救助家庭需求排摸调查表，便于需求可掌握、排摸可操作。而在服务模式上，除政府性津补贴外，还可通过政府购买服务、设立慈善基金等手段，引入多元主体拓展政府救助手段，通过"物质+服务"的方式，在保障困难群体基本生活需要的基础上，满足精神慰藉、社会融入、能力提升等发展类需要。

3.鼓励社会参与

政府主导、多元主体参与和有机协同是健全分层分类社会救助体系的重要保证。"望城路径"的成功之处在于其有效链接的各类社会资源，以及有机整合的各方社会力量，形成"救助帮扶共同体"，为困难群体构建稳定、有效、可持续的多元支持体系。一方面，要厘清社会救助中各主体职责。民政、卫健、医保等政府部门应发挥责任主体功能，爱心企业和社会组织应发挥协助主体功能，基层社区和社会工作机构应发挥运作主体功能。另一方面，要强化政府、企业、社会组织、社区以及社会工作机构等不同主体间的有效衔接，形成"政府主导+多元参与"的模式，积极引导社会力量与市场力量参与社会救助。

九　岳塘区文体服务典型经验

岳塘区文旅广体局

发展公共文化服务，是保障人民文化权益、改善人民生活品质、补齐文化发展短板的重要途径。党的十八大以来，以习近平同志为核心的党中央明确提出提升公共文化服务水平的要求，习近平总书记多次强调加快构建现代公共文化服务体系，促进基本公共文化服务标准化、均等化。岳塘区文旅广体局努力为群众提供更高质量、更有效率、更加公平、更可持续的公共文化服务，始终致力于推进文化自信自强，广泛开展群众性文化活动，打造更多文化惠民品牌，助力社会主义文化的繁荣与发展。

岳塘区文旅广体局在文体服务领域大力开展丰富多彩的群众性文化活动，如"周周乐"广场文化活动、文化志愿服务活动等，持续满足人民文化需求，实现人民对美好生活的新期待。"周周乐"广场文化活动自2011年起已举办200余场，汇集数万名志愿者参与，成为岳塘区文化展示与群众联欢的重要平台。岳塘区文化志愿服务活动

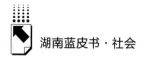
通过队伍建设和创新活动，培育了一支扎根基层的文化志愿队伍，现有2712名注册志愿者，长期活跃在各文体阵地，丰富了当地群众的精神文化生活。

（一）基本情况

岳塘区文旅广体局在文体服务保障方面不断探索和创新，通过丰富多彩的群众文化活动，极大地满足了人民群众日益增长的文化需求。近年来，岳塘区致力于打造以人民为中心的公共文化服务体系，积极推动群众参与，促进文化事业的全面发展。在这一过程中，"周周乐"广场文化活动和文化志愿服务活动成为区内的标志性项目，展现出良好的社会效应和文化成果。

"周周乐"广场文化活动自2011年启动以来，已成功举办200余场，参与观众超过40万人，参与演出的文化志愿者达32000余人。这一活动成为岳塘区群众文化生活的重要组成部分，深受广大居民的欢迎和喜爱。每场活动汇聚了不同年龄段的参与者，最高年龄达到75岁，最小的参与者只有5岁。活动内容丰富多样，包括舞蹈、声乐、戏曲、小品和非物质文化遗产表演等，累计演出节目2800余个。这不仅为居民提供了一个展示自我才艺的平台，也极大地增强了社区的凝聚力，丰富了当地群众的文化生活。

同时，岳塘区文化志愿服务活动也在不断发展壮大。通过队伍建设和创新活动，岳塘区建立了一支扎根基层的文化志愿队伍，目前已注册志愿者2712名，他们长期活跃在各类文体阵地，积极开展文化宣传、公益演出等活动。这些志愿者的加入，提升了社区文化活动的参与性和互动性，使文化服务更贴近群众的实际需求。通过这些活动，居民不仅享受到了丰富的文化盛宴，也提高了参与公共文化活动的意识和热情。

岳塘区文旅广体局在活动组织方面加强了机制建设，成立了活动组织委员会，明确了各部门的分工与协作。通过实施"三个提前"机制，即提前安排任务、提前组织排练、提前审查节目，确保每场活动的顺利进行。此外，区文化馆结合实际情况，统一安排节目的组织与编导工作以及舞台、灯光、布景的配合。同时，根据形势发展的要求，结合主题开展新节目创作，保证节目常演常新与活动的高效开展。

在文化活动的宣传方面，岳塘区积极利用新媒体与传统媒体相结合的方式，提升文化活动的影响力。通过网络、报纸、微信公众号等多种渠道，及时对文化活动进行宣传报道，提高了居民对文化活动的认知和参与度。每年对优秀的文化志愿团队和文化志愿者进行表彰奖励，树立了典型，形成了良好的社会氛围。

（二）主要做法

岳塘区在文体服务保障工作中，采取了一系列切实有效的做法，确保公共文化服务的高效运行与可持续发展，主要体现在以下三个方面。

1.完善组织机制，提升活动质量

一是健全组织强保障。岳塘区文旅广体局注重建立健全组织机制，为文体活动的顺利开展提供有力保障。为确保"周周乐"广场文化活动的常态化和高质量，岳塘区成立了专门的活动组织委员会，明确了职责分工，确保各项工作有序推进。区委常委、宣传部长担任活动组长，区委宣传部副部长和区文旅广体局长担任副组长，形成了高效的领导机构。二是完善机制保质量。在活动的策划与实施过程中，岳塘区坚持实施"三个提前"机制，即提前安排任务、提前组织排练、提前审查节目。这一机制的实施确保了每场活动的节目质量和观众体验，同时也为演出提供了充分的准备时间。此外，区文化馆根据活动计划，结合"周周乐"安排，统一协调节目组织和编导，

确保活动内容常演常新。三是广泛动员促氛围。为了激励各单位和个人积极参与，岳塘区每年评选一批优秀节目，激发了全社会对文化活动的关注和参与热情。通过完善的组织机制和高效的活动安排，岳塘区的文化活动日益丰富，群众的参与感和满意度显著提升。

2. 加强资源整合，丰富活动内容

岳塘区在推进文体服务保障过程中，注重整合和优化文化资源，通过多样化的活动形式满足不同群体的文化需求。一是整合文艺资源。在活动内容设计上，岳塘区积极整合全区文艺资源，确保文化活动的多样性和包容性。活动不仅包括高雅艺术，还兼顾了大众喜爱的通俗文化，形成了专业与业余、经典与地方特色相结合的丰富内容。二是丰富表演形式。在具体活动中，岳塘区组织了各种表演形式，包括舞蹈、声乐、器乐、戏曲、太极拳、健身操等，满足不同年龄层次、不同生活背景的群众需求。此外，各类文艺专场演出也根据不同主题，展示了各行各业、各类社会群体的精神追求，形成了良好的社会氛围。例如，企校联谊会的企校专场展示了企业与学校在文化建设方面的合作成果，进一步推动了文化与教育的融合。三是贴近广大群众。为了让文化活动更加贴近群众，岳塘区还特别注重活动的参与性和互动性。通过鼓励群众积极参与演出，丰富活动内容，提升观众的文化体验，增强了群众对文化活动的认同感和参与度。

3. 建立长效机制，促进文化志愿服务

岳塘区积极推动文化志愿服务的发展，通过建立长效机制，提升文化志愿服务的影响力和参与度。一是成立文化志愿服务分队。目前已形成 37 支小队，共有 2712 名注册志愿者，他们长期活跃在各文体阵地，积极参与文化宣传、公益性文艺演出和文明城市共建等活动。二是加强志愿者管理。制定《岳塘区文化志愿服务管理办法》，为基层文化志愿服务活动工作做出了指导、明确了方向、提出了要求。制定《岳塘区文艺团队管理扶持办法》，对全区文化志愿队伍实行

"积分制"管理，从队伍建设、活动开展、获奖情况三个方面进行考评，年底按积分高低发放文艺团队扶持经费，充分调动了志愿者参与活动的积极性、主动性、创造性。三是提升志愿者的专业素质。加强对志愿者的培训与教育，岳塘区文化志愿服务分队采取自主学习与定期培训相结合的办法，每年邀请高校、省区市专业舞蹈老师、专家任教，组织文艺团队骨干参加民族舞、广场舞、排舞、太极拳、健身秧歌、小品、戏曲等培训班年均不少于4期，确保志愿者在参与活动时具备专业技能和服务意识。通过持续地培训与支持，岳塘区的文化志愿服务活动得到了蓬勃发展，群众的文化需求得到了更好满足。

（三）经验启示

岳塘区在深入推动文体服务保障工作的壮阔历程中，不仅构筑了丰富多彩的群众精神文化生活图景，更在探索与实践的熔炉中，锤炼出了一系列弥足珍贵的经验与深刻启示。这些宝贵成果，不仅照亮了岳塘区自身文化建设的道路，也为其他地区提供了可资借鉴的宝贵财富。以下是三条主要的经验启示。

1.加强政策引导与资源整合，提升文化服务水平

文体服务的提升需要有效的政策引导和资源整合。岳塘区在推动文化服务保障工作时，注重将各级政策与实际需求相结合，确保文化服务措施的有效实施。全区应借鉴这一做法，积极整合各类文化资源，以政策为引导，促进资源的高效配置。首先，要明确文化服务的目标与方向，通过制定和实施相关政策，确保文化活动的开展符合群众的实际需求。例如，可以通过调研和数据分析，了解各地区的文化特点和需求，从而有针对性地制定政策，使文化服务更加贴近群众生活。其次，整合各部门资源，形成合力。岳塘区通过建立跨部门协作机制，实现了文化、教育、体育等部门之间的有效

联动。全区也应积极推动各相关部门的协同工作，形成文化服务的合力，提高服务效率。通过政策引导与资源整合，全区的文化服务整体水平将得到有效提升，确保每一项文化活动都能惠及更广泛的群众。

2. 深入开展基层文化建设，提升群众参与感

岳塘区在文化服务保障工作中，通过深入开展基层文化建设，显著提升了群众的参与感和归属感。这一经验对于全区文化服务工作具有重要的启示。在基层文化建设方面，岳塘区积极推动社区文化活动，鼓励居民参与。通过定期举办文艺演出、文化培训等活动，使广大群众在参与中感受到文化的魅力和乐趣。全区应在此基础上，结合各地的特色，开展更多丰富多彩的文化活动，以吸引更多群众的参与。此外，激励群众自发组织文化活动也是一个有效的途径。岳塘区通过支持和引导居民自发组成文艺团队，不仅丰富了文化生活，也增强了居民的文化认同感和自豪感。全区可借鉴这一做法，鼓励各类社会组织和志愿者团队参与文化活动的策划与实施，形成全社会共同参与的良好氛围。

3. 注重文化品牌建设，增强文化自信

文化品牌是一个地区文化软实力的重要体现。在岳塘区的实践中，文化品牌建设不仅推动了当地文化的发展，也增强了居民的文化自信。全区在推进文体服务保障工作时，应高度重视文化品牌的培育与推广。首先，通过开展有特色的文化活动，提升文化品牌影响力。岳塘区的"周周乐"广场文化活动，便是通过持续的高质量演出和丰富的文化内容，树立了良好的文化品牌。全区各地应结合自身特点，创建独具特色的文化活动，通过品牌化的运作，提高文化活动的吸引力。其次，借助媒体和新媒体平台，积极宣传文化品牌。岳塘区通过多种渠道对文化活动进行宣传，吸引了更多的观众参与和关注。全区可利用现代传播手段，扩大文化活动的影响力，让更多人了解到

地方文化的魅力，提升文化认同。最后，通过对优秀文化人才和团队的扶持，进一步推动文化品牌的建设。岳塘区通过表彰和奖励文化志愿者和团队，激励他们在文化服务中发挥更大的作用。全区应借此机会，鼓励各类文化人才积极参与文化建设，推动文化服务不断发展壮大。

十　蒸湘区公共安全典型经验

蒸湘区人民政府

（一）基本情况

蒸湘区位于衡阳市西端，是2001年城区行政区划调整时，因蒸水贯穿全境流入湘江而得名，是全省唯一以三湘之名命名的县市区。随着城乡融合提质、经济高速发展，群众对基层公共服务和公共安全的要求期待明显提高，守护好公共安全责任重大。近年来，蒸湘区坚持运用系统思维协调推进各方面工作，紧盯重点领域、重点环节、重点部位，狠抓各项公共安全措施落实，积极防范化解各类风险，持续推进城市公共安全体系建设，牢牢守住了安全发展底线，切实增强了公共安全保障能力，实现了高质量发展和高水平安全良性互动。一是社会大局和谐稳定。食药品安全持续保障，近年来未发生较大食药品安全事故。信息安全有力筑牢，2024年以来共监测过滤涉蒸网络舆情信息1万余条，共处置涉蒸网络舆情214件，办结率达98.1%，办结量全市城区排名第一。反诈打跨纵深推进，2024年以来电信网络诈骗案件立案数同比下降68.76%，全区滞留境外涉诈人员核减率达82%，预警劝阻352条，劝阻成功率达99.72%，为群众挽回直接涉诈损失148.9万元。应急能力全面提升，全区安全生产形势总体稳定，近五年未发生较大生产安全事故和亡人火灾，连续三年被评为"湖南省安全生产和消防工作优秀单位"。社会矛盾妥善化解，信访事项一次性化解率达95%以上，连续15年实现"零进京、零登记、零失控、零滋事、零非访"。二是经济社会稳步发展。紧紧围绕保稳定、促发展、惠民生基本目标，全区上下真抓实干、凝心聚力，以社会大局稳定来推动区域经济繁荣。2023年实现地区生产总值308.68亿元，规模工业增加值增长6.9%，固定资产投资71.59亿元，社会消费品零售总额215.68亿元，进出口总额41.25亿元，同比增长4.5%；新增"四上"企业79家，净增51家；新增市场主体5015户，净增企业2164户。先后荣获"全国科技进步区""全国义务教育均衡发展区""落实开放崛起等政策措施成效明显的县市区""推动高质量发展成效明显的县市区""内陆地区改革开放先进县市区"等国家级、省级荣誉称号140余项。三是群众生活幸福安定。2023年全区民生支出11.08亿元，同比增长10.9%，占一般公共预算支出的79.8%；全区居民人均可支配收入48854元，同比增长4.0%。2024年上半年，全区刑事、治安警情数同比分别下降38.05%、13.92%，盗窃类刑事警情同比下降53.7%，群众公共安全满意度持续提升，切实为群众营造安定祥和、宜居宜业的生活环境。

（二）主要做法

1. 坚持上下贯通"一盘棋"，大格局齐抓共管

全面实行"五包一"制度，结合"三联三促大走访"专项行动、屋场恳谈会等，认真排查梳理涉访风险，及时掌握各类不稳定因素。区委、区政府班子对全区行业领域实现了安全"三管三必须"，区四大家班子成员对5个镇（街道）、55个村（社区）实现了"谁联点、谁负责"。区委、区政府主要领导带头，区级领导干部定期下沉联点乡镇（街道）、村（社区）走访，常态化落实领导干部坐班接访、重

点约访制度，成立工作专班，认真倾听群众诉求，细致梳理可能引发群体性信访突出问题的矛盾纠纷，进一步密切干群关系，有效推动公共安全工作取得实效。更加注重加强区委、区政府宏观调控，大力整合部门单位资源力量，积极调动乡镇（街道）、村（社区）工作主动性，充分发挥基层群众主人翁精神和"衡阳群众"学雷锋志愿者奉献精神，推进民事民议、民事民办、民事民管，努力建设人人有责、人人尽责、人人享有的公共安全共同体，共建共治共享的工作合力和社会治理格局初步形成。

2. 坚持人民安全"一主线"，大决心除患攻坚

坚持以人民安全为宗旨，树牢安全发展理念，全力创建"省级安全发展工作示范区"，深入开展安全生产"治本攻坚"三年行动和"安全守底"行动，严格落实"五全一常态""三查一曝光""一案双罚"等机制措施，紧盯消防、危化工贸、道路交通、建筑施工、城镇燃气、森林防灭火等重点行业领域，抓实消防安全"集中除患攻坚"等专项整治，强化食品、药品、特种设备等安全监管，全面提升基层应急能力和全区公共安全水平，坚决防范遏制各类事故发生。设置舆情监测专题，严格落实24小时值班值守和应急响应制度，强化网络敏感、热点舆情监测、研判和处置，引导舆论积极健康发展。利用"4·15"全民国家安全教育日、国家网络安全宣传周等重要节点，积极开展国家安全、网络安全"进机关、进社区、进校园、进企业"等宣传活动，全面提升群众国家安全意识，筑牢网络安全防线。坚持和发展好新时代"枫桥经验"，持续践行"四下基层"，严厉打击非法集资，有序化解政府债务，加快建设区、乡镇（街道）、村（社区）三级调处中心推进"联勤警务站"示范创建，擦亮"蒸湘义警""法治物业""即享"法律顾问等品牌，统筹开展反诈打跨、禁毒禁赌、扫黑除恶、扫黄打非、治安防控、"利剑护蕾"等工作，确保社会大局和谐稳定。

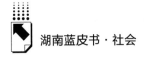

3.坚持联动覆盖"一张网"，大力度排忧解难

全面加强对人民群众生存权、发展权、健康权保障，切实维护最广大人民的根本利益，使全区公共安全大局更高质量、更可持续。突出就业优先导向，完善就业创业公共服务、多层次人力资源服务体系，落实好稳岗就业政策，举办线上、线下专场招聘会，开辟更加便捷高效求职招聘"双向"通道，推动形成高质量发展与就业扩容提质互促共进良性循环。加强社会保障和社会救助体系建设，统筹做好养老、优抚、社会救助等工作，规范开展低保、低收入、残疾人、特困家庭常态化救助。有序推进基本医疗保险、失业保险、工伤保险等参保扩面提质。切实维护和保障妇女儿童基本权益。坚持义务教育优质均衡发展和城乡一体化建设，全面推进学前教育普及普惠发展，加强师德师风建设，构建智慧校园，努力办好人民满意的教育。突出"一校一品"，实施"青蓝工程"和"名师名校工程"，拓新"小农人田间课堂"劳动教育品牌。推动城区配套学位扩容增量。深化公立医院综合改革和城区综合医改，加强"医联体"建设，强化医疗机构院感防控。全面推进分级诊疗，持续开展"优质服务基层行"活动，大力实施"互联网+医疗服务"，着力提升公共卫生服务水平。坚持把办好省、区、市的重点民生实事摆在政府工作重要位置，着力解决房屋安全排查、拆迁安置推进、特殊家庭取暖设备更新等群众急难愁盼问题。积极推动"房票安置""回购安置"等安置措施落地。

（三）经验启示

近年来，蒸湘区深入学习习近平总书记关于公共安全与应急管理的重要论述，科学构建公共安全体系，坚持按照"组织系统化、管理制度化、治理法治化、服务网格化、平台智能化、参与社会化"等"六化并重"的工作思路，有针对性地进行了一系列实践探索，基本建立党委领导、政府负责、社会协同、公众参与、法治保障的公共安全格局，形成既充满活力又和谐有序的公共安全管理新局面。

1. 要坚持政治建设、法治建设两大统领

积极探索基层党组织政治引领、组织引领、机制引领的途径和载体，坚持在党的领导下总结推广典型经验、完善相关政策，保证公共安全体系建设按照党和人民的意愿进行，推动基层党建与基层社会治理深度融合。善于运用法治精神破解基层公共安全难题，大力推动全民守法，把法治宣传教育作为公共安全的战略性、基础性工程来抓，努力提高人民群众的法治意识和法治观念，形成办事依法、遇事找法、解决问题用法、化解矛盾靠法的良好法治环境。

2. 要突出政府引导、群众自治两大关键

充分发挥政府统筹协调基层政权组织、自治组织、群团组织、经济组织和社会组织等的能力，丰富基层政府组织群众、宣传群众、凝聚群众、服务群众的手段。坚持和完善基层群众自治制度，加强社区自治组织规范化建设，探索乡贤治理，充分调动社会主体参与市域社会治理现代化的积极性、主动性、创造性。充分发挥社会组织作用，构建基层党组织领导、政府负责的公共安全共建共治体系，实现政府治理和社会调节、居民自治良性互动。

3. 要用好德治教化、智治运用两大法宝

积极培育和践行社会主义核心价值观，发挥中华优秀传统文化优势，通过身边榜样示范、乡规民约约束、生活礼俗教化，提高城乡居民的道德修养和文明素质，引导群众崇德向善、见贤思齐。积极推动现代信息技术融入公共安全应用，大力建设融社情、警情、案情、舆情等于一体的公共安全信息共享平台，通过全面整合各条块数据资源，打通数据壁垒，逐步实现数据融通、一网汇聚，为基层业务办理、数据比对、矛盾化解等提供技术支持。

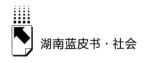

十一　湘潭县市政管理典型经验

湘潭县人民政府

城市是我国经济、政治、文化、社会等方面活动的中心，城市治理的成效直接关系人民群众的获得感、幸福感、安全感。党的十八大以来，湘潭县深入贯彻习近平总书记关于城市管理工作的重要指示批示精神，坚持"为人民管理城市"理念，科学把握城市管理新阶段新特征，聚焦高质量发展、高品质生活、高效能治理，用"绣花功夫"在市政管理治理上精耕细作、成效显著。

（一）基本情况

近年来，湘潭县城区发展迅速，面貌日新月异。截至 2023 年末，县城建成区面积达到 21.6 平方公里，城区人口达到 15.15 万人。随着县城区面积和人口不断增加，城市基础设施薄弱、环境卫生仍需改善、服务功能不够完善、交通拥堵严重等问题也日益显现。如何创新城市管理方式，提升城市精细化管理水平，实现共建共治共享城市治理新格局，成为摆在我们面前一道重要且紧迫的课题。面对这些痛点和难题，湘潭县用系统思维谋划推进城市管理，由外延扩张式发展转为内涵提升式发展，由注重"有没有"转为注重"好不好"，注重补短板、强弱项、堵漏洞，打出了一套城市精细化管理的"组合拳"，是全省三个荣获"全国文明城市"的县（市、区）之一。

（二）主要做法

1. 常态化建设让基础设施更完善

以水、电、气等基础设施完善为重点，不断夯实城市管理"硬件设施"。一是持续优化供水系统。全面实施水厂二氧化氯消毒设备更新、虹吸滤池滤沙更换、投矾净水系统智能化改造。全面完成荷花路、云龙路、天马路等爆管频繁主干道路管网改造 12.4 公里，完成供水设施老化、陈旧小区整体供水改造 5000 多户。全面开展水质检测工作，自检、送检和抽检的水质综合合格率均达 100%，县供水公司已具备 71 项水质指标的检测能力，领先于省内同级供水公司。全面做优服务，创建网上营业厅，形成了"线上+线下"多种渠道业务办理新格局，已受理并办结各类业务 200 多件，用户满意度达 100%。设立社区联络工作组，开展现场咨询解答和处理。常态化开展企业走访，切实解决企业用水问题。目前，县城两座水厂总供水能力为 16 万吨/日，供水主干管网 120 多公里，覆盖整个县城区，供需负荷率仅为 50%，高质高效保障了县城经济社会发展用水需求。二是持续优化电力保障。供电网架不断完善，2024 年城区实施标准化网格改造、老旧小区改造等网架改造项目 28 个，与国网湘潭供电公司签署"十四五"深化战略合作协议，全面提速新型电力系统建设。携手共同打造"天易绿色低碳园区"，为国网湖南电力与湘潭市人民政府共同打造的"绿色电力湘潭（2024—2027 年）"合作协议的落实落地做出有益实践。电力供应更有保障，深入开展线路治理、巡视及带电检测工作，积极引进并使用配电自动化系统、红外测温仪、无人机等新技术支撑线路维护与排故工作，完善应急供电机制，成功打赢抗冰、抗洪保电攻坚战。近三年来共开展 2560 次不停电作业，力求居民用电"零感知""零影响"。服务质效得到有效提升，进一步优化办电流程，执行好"三零""三省"政策，共惠及用户 4525 户，减免办电费用 350 万元，持续优化电力营商环境。广泛开展客户走访活动，为客户提出合理用电建议，提供"一站式"便民服务。安全用电深入人心。深入开展用电安全知识"进社区、进校园"等活动，完成 70 个高层居民小区用电检查，更换老旧超年限表 66700 余块、老旧计量装置 18000 余个；联合电力、公安局等单位，开展"警企联动，安全垂钓"等宣传警示活动，让安全意识深入人心。三是持续优化燃气管网。积极推进管道互联，完成杨柳路、天易大道等区域的管道互联工作，对城区管网线路的标识标牌进行全面升级改造，加强管道燃气经营企业巡线巡检，确保城区燃气管道的正常运行。不断升级智能装备，加强燃气应急智能装备的配备与使用，推进智能阀井、智能阴保桩等技术防护和物理防护的应用。对老旧小区用户免费更换过期表具、燃气调压箱、钢塑转换。认真开展管网改造，争取中央预算内资金1025万元及超长期国债项目4112万元，用于老旧小区燃气管网改造；2024年，计划改造老旧燃气管网20公里、整改老旧小区4000户，目前已改造9.2公里、整改2300户；排查阀门井隐患点49处，已完成整改16处。

2.市场化运作让城市环境更整洁

运用市场化思维开展环卫领域改革，破解城区环境卫生难题，为市民打造干净、整洁、舒适的生活环境。一是以深化改革实现降本增效。组织第三方机构对原有政府购买服务重点项目的服务面积重新进行测绘摸底。经测算，实际面积较原服务范围缩小近20%，园林、环卫市场化项目支出节约财政资金2432万元；对采购内容重新修订，将原有21个项目整合为4个；经过公开招投标，环卫清扫服务、园林绿化服务竞标价格平均降幅达到40%以上，大大压减了财政支出。二是以创新合作实现政企双赢。引入社会资本光大公司清运城乡垃圾，所有城乡垃圾设施日常维护维修全部由光大公司投入，减少了政府投入。在城区合理设置16座垃圾中转站，科学规划收集转运线路，做到应收尽收，将生活垃圾"无害化、减量化、资源化"处理，每吨生活垃圾能转化为500度电，利用率高达99%，切实增加了企业效益。县属平台公司在该企业参股30%，每年的分红也会相应增加，实现了政企双赢。三是以精细管理实现服务提升。建立健全环卫运营管理机制，严格开展培训，切实提升环卫工作的精细化作业水平；城区 22 座公厕实现全天候一体化管护，确保卫生和整洁；分批次、分路段对城区破损垃圾桶进行维护更新，合理设置分类垃圾收集、转运点，完成垃圾中转站、环卫运输车辆分类标识全覆盖，大幅提升了城区整洁度和美观度。

3. 数据化赋能让公共服务更便民

立足"放管服"改革，加快推动公共服务资源数字化供给、网络化服务，强化民生领域供需对接，让全县人民共享高效便民的数字红利。一是全力打造"政务小莲"金招牌。创新推出"政务小莲"系列服务模式，工作经验被《人民日报》、省政府办公厅作为典型经验推介。主动对接服务湖南鼎盛船舶有限公司、湘潭大恒煤业有限公司等企业项目 327 件次；开展"一企一管家"活动，配合天易经开区实行"三员三式"网格化管理服务，深得企业、群众好评；依托"莲乡微政务"等媒体，积极探索视频导办服务和政务直播服务，累计发布 19 期短视频、4 场政务云直播，在抖音、视频号等平台共计阅读量达 580 余万次；聚焦企业群众办事出现的"无法办理""难以办理""不予办理"等问题，由党员干部牵头一对一进行督导核实处理，2024 年 1~8 月累计受理反映问题 14261 件，其中涉及民生事件 5581 件。二是全力拓展公共服务新领域。建设"湘易办"湘潭县旗舰店，上线服务事项 421 项，组织技术公司开展营商地图改版重新设计工作，不断优化用户体验。围绕企业和群众所需，积极开发惠民便企应用，目前已开通在线交水费和党费收缴服务功能。扩大电子证照创新应用领域，汇聚电子证照 53 类。三是全力搭建一网通办快车道。全县已有 21 家单位启用"一网通办"系统，测试办件共 1362 件，在培训后已逐步启用"一网通办"系统开展办件。组织全县所有政务服务单位开展实施清单修改，已修改事项 48056 项。

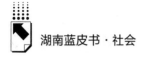

4. 系统化治堵让居民出行更畅通

聚焦群众对交通出行的美好期待，采取多种举措，全力缓解交通出行难、道路拥堵等问题。一是坚持综合施策。对县城区各大路口交通信号灯实行早晚高峰、平峰等多种配时放行方式，根据交通流量状况合理调整信号灯配时，提高道路通行能力。充分发挥"护学岗""高峰勤务"等机制作用，引导学校高峰时段错峰放学和市民错峰出行。全面加大早晚高峰时段、重点路段的巡逻管控力度，近三年共计查处各类交通违法行为75万起，其中现场查处23万起。二是坚持标本兼治。持续优化路网结构，对道路路口进行设计和规划，增加连接性，全力疏导交通流量。深入开展安全宣传，全方位、立体化开展宣传报道，在城市街道主要路口、居民小区滚动播放交通安全宣传片，持续提高交通安全宣传覆盖率。三年来，依托县媒体平台累计刊播交通安全公益广告1500余次，组织采写相关新闻报道430余条，转载转发各级媒体宣传报道950余条次，大大提高了宣传的传播力、渗透力和引导力，让交通安全更贴近群众生活。三是坚持智慧引领。利用大数据、物联网等技术，使用智能化手段来管理和控制交通流量，实现实时交通信息的采集、分析和配时。加装流量相机实时采集车流量数据，信号机根据采集到的流量数据自动延长和减少绿灯时间，实现智能配时。县城区滨江路东往西方向全天候实现交通信号灯多点协调控制（"绿波带"）。邀请中南大学和长沙理工大学专家进行实地调研，研究新型交通技术和管理方法，并对湘潭县近期、中期、远期交通安全设施建设进行科学合理的规划。

（三）经验启示

湘潭县市政与管理工作扎实推进、卓有成效，主要有以下经验启示。

1. 必须坚持为民的发展思想

城市的核心是人，城市所有的发展成果最终都要落实到提升群众的幸福指数上。因此，要把让老百姓过上好日子作为根本价值取向，把让群众生活更舒适这一理念融入城市治理的血脉、体现在每一个细节中，及时精准掌握居民的操心事、烦心事、揪心事，一件一件加以解决。要深化全过程人民民主实践，进一步激发市民参与城市治理的热情，构建人人参与、人人负责、人人奉献、人人共享的城市治理共同体。

2. 必须走好精细的发展路子

习近平总书记以绣花为喻，阐释了城市治理精细化，彰显"致广大而尽精微"的发展辩证法，蕴含统筹兼顾、系统施策的科学方法论。要遵循城市发展规律，坚持从城市治理实际出发，把这一科学方法论运用到城市治理实践中，坚持目标导向，精准靶向施策，将绣花针的"针尖"对准城市治理的"疑难杂症"，统筹部署执法力量，形成职责明确、责任清晰、衔接有力、覆盖全面的网格化管理责任体系，努力在精细中创造精彩。

3. 必须秉持安全的发展路径

城市燃气、供水、供电、道路等重要基础设施就像人体的"神经"和"血管"，是维持城市正常运行、满足群众生产生活的重要基础设施，是城市的生命线。必须坚决落实"三管三必须"要求，摸清城市基础设施底数，明确重点领域并跟进督促，及时整改，动态监测。进一步加强物联网、大数据、人工智能等科技手段来进行监测和数据采集，把安全工作落实到城市管理工作各个环节、各个领域。

附　录

一　2024年湖南县域基本公共服务评价指标体系

陈　军　周永根[*]

湖南县域基本公共服务评价指标体系可全面评估湖南省各县域政府在提供基本公共服务方面的表现和成效，包括服务的种类、数量、质量和覆盖范围。2024 年，湖南省社会科学院（省人民政府发展研究中心）根据《国家基本公共服务标准（2023 年版）》《湖南省基本公共服务标准（2023 年版）》《关于建设残疾人友好型省份　推动新时代残疾人事业高质量发展的指导意见》等文件，研创了这一评价指标体系（理论模型）。该指标体系旨在为湖南省县域基本公共服务的改进和提升提供科学的评价工具与决策参考。

该评价指标体系的构建充分考虑了湖南省县域的实际情况和发展需求，涵盖了幼有所育、学有所教、劳有所得、病有所医、老有所养、住有所居、弱有所扶、文体服务、公共安全、市政管理多个维度。每个维度下细分为二级指标和三级指标，其中三级指标主要通过问卷调查的形式来获取数据，以确保评价结果的客观性和准确性。

---

* 执笔：陈军、周永根负责第一部分，周永根负责第二、三部分，陈军、周永根、刘艳文、陈律负责第四部分；统稿：陈军、周永根。

通过这一评价指标体系，可以全面了解湖南省各县域在基本公共服务方面的现状，发现存在的问题和不足，为政府提供决策依据，推动湖南省县域基本公共服务的均等化和高质量发展。

表1　县域基本公共服务评价指标体系（理论模型）

一级指标	二级指标	三级指标(问卷问题设置)
幼有所育	优孕优生服务	免费为计划怀孕夫妇每孩次提供孕前优生健康检查次数
		免费为孕产妇规范提供健康检查次数
		问卷(优孕优生服务情况)
	儿童健康关爱服务	适龄儿童免疫规划疫苗接种率
		为儿童提供免费健康检查次数
		问卷(儿童健康服务满意度)
		问卷(儿童关爱程度)
	托育	问卷(托育机构收费情况)
		问卷(托育机构放心程度)
	总体满意度	问卷(总体满意度)
学有所教	财政投入	财政投入占 GDP 的比重
		人均财政投入
	师资力量	生师比
	教育收费	问卷(教育收费满意度)
	教育资源分配	问卷(教育资源分配公平性)
	教育减负	问卷(教育减负效果)
	校园安全	问卷(校园安全情况)
	总体满意度	问卷(基础教育总体满意度)
劳有所得	财政投入	财政投入占 GDP 的比重
		人均财政投入
	就业创业	"12333"人力资源和社会保障电话服务接通率
		问卷(就业服务享受情况)
		问卷(政府创新创业扶持政策享受情况)
		问卷(政府处理劳动纠纷情况)
		问卷(工伤失业保险服务满意度)
	总体满意度	问卷(总体满意度)

续表

一级指标	二级指标	三级指标(问卷问题设置)
病有所医	财政投入	财政投入占 GDP 的比重
		人均财政投入
	医院、卫生院建设	每万人口医院拥有数
		每万人口执业(助理)医师数
		每万人口床位数
		问卷(公立医院便利程度)
	医疗服务	问卷(家庭医生服务满意度)
		问卷(检查和费用必要性)
		问卷(基本医疗保险缴费满意度)
		问卷(基本医疗保险报销满意度)
	总体满意度	问卷(总体满意度)
老有所养	财政投入	财政投入占 GDP 的比重
		人均财政投入
	社会福利	每万人口公办老年福利机构数(无工商)
		每万人口公办老年福利机构床位数(无工商)
		每万人口公办老年福利机构人员数(无工商)
	养老服务	问卷(养老金情况满意度)
		问卷(养老服务机构满意度)
		问卷(养老保障预期情况)
	总体满意度	问卷(总体满意度)
住有所居	保障性住房建设	经济适用房覆盖率指数
		廉租房货币补贴保障指数
		问卷(公共住房政策了解程度)
		问卷(申请公租房难易程度)
	总体满意度	问卷(总体满意度)
弱有所扶	残疾人基本民生保障	残疾人城乡居民基本养老保险参保率
		问卷(最低生活保障公平性)
	残疾人关爱服务	残疾人基本康复服务覆盖率
		残疾人就业率
	政府救助	问卷(弱势群休救助情况)
		问卷(突发事件救助情况)
	无障碍环境建设	无障碍设施合格率
		问卷(无障碍环境建设满意程度)
	总体满意度	问卷(总体满意度)

一级指标	二级指标	三级指标(问卷问题设置)
文体服务	财政投入	财政投入占 GDP 的比重
		人均财政投入
	文体设施建设	问卷(公共健身设施或体育场所便利程度)
		问卷(公共文化设施或场所便利程度)
		问卷(公共健身设施或体育场所满足程度)
		问卷(公共文化设施或文化场所满足程度)
	社区文体活动	每十万人口社区服务中心单位数(无工商)
		每十万人口社区服务中心职工数
		活动项目数
		活动人次数
	总体满意度	问卷(总体满意度)
公共安全	财政投入	财政投入占 GDP 的比重
		人均财政投入
	安全要素	问卷(食品安全问题)
		问卷(个人隐私保护)
	风险治理	问卷(诈骗宣传或警示情况)
		问卷(应急宣传或演练情况)
		问卷(政府调解社会矛盾纠纷工作满意度)
	总体满意度	问卷(总体满意度)
市政管理	财政投入	财政投入占 GDP 的比重
		人均财政投入
	市容环境	工业固体废物综合利用率
		人均绿地面积
		生活垃圾无害化处理率
	环境卫生服务	问卷(环境卫生是否满意程度)
	水电气基础设施	问卷(水电气基础设施满足程度)
	公共服务信息化	问卷(信息化便利程度)
	交通工具与设施	问卷(道路拥堵情况)
	总体满意度	问卷(总体满意度)

本课题组依据《湖南省基本公共服务标准（2023 年版）》研制的湖南县域基本公共服务评价指标体系，旨在评估和提升县域政府在

提供基本公共服务方面的能力和效率。该评价指标体系与《湖南省基本公共服务标准（2023 年版）》在目标和内容上具有高度的一致性，但在评价方法和侧重点上存在较大差异。

《湖南省基本公共服务标准（2023 年版）》明确了基本公共服务的范畴，包括教育、就业、社会保障、医疗卫生、计划生育、住房保障、文化体育等，强调了政府在城乡均等化服务中的责任和义务。该标准为各级政府提供了基本公共服务的最低要求和操作规范。

湖南县域基本公共服务评价指标体系与《湖南省基本公共服务标准（2023 年版）》的相同之处在于：一是服务领域方面，两者都涵盖了基本公共服务的主要领域，确保了服务内容的全面性；二是服务目标方面，均以满足公民基本需求、提升生活质量为目标，强调了服务的普惠性和基础性。

但是，湖南县域基本公共服务评价指标体系与《湖南省基本公共服务标准（2023 年版）》有不同之处：一是评价视角方面。评价指标体系更侧重于评估政府提供服务的能力和效果，包括服务质量、效率和群众满意度等方面，而《湖南省基本公共服务标准（2023 年版）》则侧重于规定服务的内容和标准。二是服务范围方面。评价指标体系主要针对县域层面，更加关注县域内城乡之间的服务均等化，而《湖南省基本公共服务标准（2023 年版）》则涵盖了全省范围，包括城市和农村。三是评价方法方面。评价指标体系采用了更为灵活的评价方法，包括问卷调查、数据分析等，以获取更直接的服务质量信息；《湖南省基本公共服务标准（2023 年版）》则更多地依赖于政策规定和服务标准的执行。四是侧重点不同。评价指标体系特别强调了群众满意度和服务质量，将这些因素作为评价的重要指标；而《湖南省基本公共服务标准（2023 年版）》则侧重于服务的普及和标准化。五是逻辑结构方面。评价指标体系在逻辑结构上更加注重对服务结果的评价，将群众满意度作为衡量服务效果的重要指标，而

《湖南省基本公共服务标准（2023年版）》则从制度安排上关注基本公共服务体系的建设。

湖南县域基本公共服务评价指标体系在《湖南省基本公共服务标准（2023年版）》的基础上，更加注重对服务效果的评价和群众满意度的测量，力求为湖南省县域基本公共服务的改进和提升提供科学的评价工具与决策参考。

为了全面考察湖南省县域政府在提供基本公共服务方面的表现，课题组研创的湖南县域基本公共服务评价指标体系，从理论和实践两方面着手，力求对服务的质量与效果进行客观、准确和真实的评估。在评价过程中，我们将评价内容分为两个主要部分：公众体验的主观评价和政府投入的客观评价。主观评价部分着重于了解居民对服务的直接感受，包括他们对服务公平、便捷、迅速以及整体质量的满意程度。这些评价通常通过问卷调查获得，以获取居民的真实反馈；客观评价则侧重分析政府在财政和物质资源上的投入，如基础设施建设和设备配置，以及这些投入所带来的实际成效。这些数据通常来源于政府公布的统计资料和相关研究。

通过对这两方面的数据进行深入分析和整合，我们能够对湖南省各个县域的基本公共服务能力进行科学的评估。尽管在实际操作中可能会遇到数据获取的困难，如统计标准的不一致性和数据发布的延迟，但我们依然可以通过问卷调查的方式，有效地评估居民对基本公共服务的满意度。

县域基本公共服务的满意度是衡量政府服务能力的关键指标，它不仅反映了居民对服务的直接感受，也是评估政府工作成效的重要依据。居民的满意度涵盖了他们对服务的期望、体验和实际获得感。《湖南省基本公共服务标准（2023年版）》明确提出了提高居民满意度的目标，强调了建立有效的服务需求反馈机制、降低个人服务成本、完善绩效评价和问责制度的重要性。居民的满意度与政府在基本公共服务上的投入规模和效率密切相关。高满意度通常意味着政府投入得当、效率较高，反之则可能表明投入不足或效率低下。因此，县域基本公共服务满意度是评价政府服务能力的直观体现，也是推动政府不断改进服务、提高居民福祉的重要动力。

二 满意度计算方法

周永根*

公众满意度是衡量现代政府服务质量的重要指标之一。为了客观评价这一指标，我们需要采用科学的方法来计算满意度。本研究的满意度计算方法如下：

（1）确定各问题项的得分。在问卷调查中，对于每个问题，课题组根据受访者的选择赋予相应的分值，例如，最满意的选项记为5分，次满意的记为4分，以此类推。对于回答"不清楚"的选项，我们按照全省平均分计算。然后，计算每个问题的平均得分。

（2）转换为百分制。将步骤（1）中得到的平均分，除以该问题最高可能的得分（不包括"不清楚"选项），再乘以100，从而将分数转换为百分制形式。

（3）计算各指标的满意度得分。由于每个指标下包含多个问题项，课题组需要根据每个问题项的重要性赋予不同的权重，然后根据步骤（2）的得分加权求和，得出该指标的总体满意度得分。

（4）得出总体满意度评分。最后，在步骤（3）的基础上，对所有指标的满意度得分进行算术平均，得出各县域基本公共服务的总体公众满意度评分。这一得分反映了居民对县域政府提供的基本公共服务的整体满意程度。

---

* 执笔：周永根；统稿：陈军、周永根。

三 样本数量及分布

周永根[*]

2024 年湖南县域基本公共服务调查共发放并回收有效问卷 5640 份，问卷的性别、年龄、职业、收入分布情况如下。

（一）性别分布

在本次湖南县域基本公共服务满意度调查中，课题组确保性别分布的均衡性，以便于更准确地反映不同性别群体对公共服务的满意度。在收集到的有效样本中，选取 5640 份问卷。其中，选取男性受访者 2820 人，占比达到 50.00%；选取女性受访者 2820 人，占比也是 50.00%（见表 1）。性别比例均衡分配有助于我们从性别的角度出发，公平地评估和理解县域基本公共服务的覆盖情况和质量水平。

表 1 性别分布情况

选项	小计（人）	百分比（%）
男	2820	50.00
女	2820	50.00

（二）年龄分布

在湖南县域基本公共服务满意度的问卷调查中，课题组精心设计了年龄分布的样本，以确保调查结果能够全面反映不同年龄段居民的意见和建议。有效样本 5640 人中，18 岁以下未参与调查；18~25 岁

＊ 执笔：周永根；统稿：陈军、周永根。

的年轻群体有 564 人，占总样本的 10.00%；26～34 岁的受访者有
1128 人，占比为 20.00%；35～44 岁的中年群体占比最高，为
30.00%，人数达到 1692 人；45～60 岁的受访者比例相同，也是
30.00%，为 1692 人；而 61 岁以上的老年人群体有 564 人，占比为
10.00%（见表 2）。这样的年龄分布保证了调查结果的广泛性和代表
性，使我们能够从不同年龄段获取反馈，从而更全面地了解和评估县
域基本公共服务的满意度，确保调查结果能够服务于政策制定和公共
服务的持续改进。

表 2　年龄分布情况

选项	小计（人）	百分比（%）
18 岁以下	0	0.00
18～25 岁	564	10.00
26～34 岁	1128	20.00
35～44 岁	1692	30.00
45～60 岁	1692	30.00
61 岁以上	564	10.00

（三）学历分布

问卷调查中，我们同样注重了受访者的学历分布，以确保调查结
果能够反映不同教育背景居民的真实感受。有效样本 5640 人中，其
中初中及以下学历的受访者有 223 人，占比为 3.95%；高中（中专/
技校）学历的受访者有 774 人，占比 13.72%；大专学历的受访者比
例为 32.80%，达到 1850 人；本科学历的受访者占比最高，占比
43.40%，为 2448 人；硕士研究生及以上学历的受访者有 345 人，占
比 6.12%（见表 3）。这样的学历分布显示了受访者中高等教育的普
及程度较高，同时也涵盖了不同教育层次的观点，有助于我们从多角
度评估县域基本公共服务的质量和满意度。

表 3　学历分布情况

选项	小计(人)	百分比(%)
初中及以下	223	3.95
高中(中专/技校)	774	13.72
大专	1850	32.80
本科	2448	43.40
硕士研究生及以上	345	6.12

（四）职业分布

在湖南县域基本公共服务满意度调查的职业分布方面，我们力求涵盖各行各业的受访者，以便收集到广泛且具有代表性的反馈。有效样本为5640人，其中国家行政机关人员占2.22%，共计125人；事业单位人员有461人，占比8.17%；国有企业人员占比最高，达到17.62%，共有994人；私营企业人员是本次调查中比例最大的群体，占比37.50%，人数为2115人；外资企业或合资企业的人员有535人，占比9.49%；个体户的人数也相对较多，有899人，占比15.94%；未就业人员有33人，占比0.59%；退休人员有385人，占比6.83%；其他职业的人员有93人，占比1.65%（见表4）。

合理的职业分布确保了我们的调查结果能够从不同职业群体的角度出发，反映出他们对县域基本公共服务的满意度和期望。通过这种多样化的职业样本，我们可以深入了解不同工作背景居民的具体需求，为公共服务的优化和改进提供有力的数据支持。

表 4　职业分布情况

选项	小计(人)	百分比(%)
国家行政机关	125	2.22
事业单位	461	8.17
国有企业	994	17.62
私营企业	2115	37.50

选项	小计(人)	百分比(%)
外资企业或合资企业	535	9.49
个体户	899	15.94
未就业	33	0.59
退休	385	6.83
其他	93	1.65

（五）收入分布

调查中，为了全面了解不同收入水平居民对公共服务的满意度，我们对受访者的收入分布进行了细致的统计。5640个被访者中，低收入群体（月收入2000元以下）的受访者有81人，占总样本的1.44%；月收入为2001~3000元的有159人，占比2.82%；月收入为3001~4000元的受访者占比9.02%，共有509人；月收入为4001~5000元的受访者比例为17.32%，人数977人；月收入为5001~6000元的受访者占19.40%，共有1094人；月收入为6001~7000元的受访者比例最高，达到20.16%，人数为1137人；月收入为7001~10000元的受访者占17.70%，共有998人；而月收入在10001元以上的高收入群体占比12.15%，人数为685人（见表5）。

因此，从收入分布来看，受访者中高收入群体的比例相对较高，这可能与县域经济的发展水平和居民的生活水平有关。通过这种分布分析，能够收集不同经济状况的居民满意度反馈，进而评估基本公共服务在满足不同收入层次需求方面的表现。

表5　收入分布情况

选项	小计(人)	百分比(%)
2000元以下	81	1.44
2001~3000元	159	2.82

选项	小计(人)	百分比(%)
3001~4000 元	509	9.02
4001~5000 元	977	17.32
5001~6000 元	1094	19.40
6001~7000 元	1137	20.16
7001~10000 元	998	17.70
10001 元以上	685	12.15

四　2024年湖南县域基本公共服务满意度调查问卷

陈　军　周永根　刘艳文　陈　律[*]

尊敬的先生/女士：

为了解公众对政府基本公共服务的满意度，为政府决策提供科学依据，我们对全省122个县（市、区）展开了此次调查，请您根据您居住的县（市、区）实际情况回答，可能会耽误您10分钟左右的时间。本次调查采取匿名制，不需填写单位和姓名，请根据实际情况选择合适的选项，您的回答将关系到当地政府基本公共服务的数量和质量，与您的切身利益息息相关，感谢您的支持与配合！

湖南省社会科学院（省人民政府发展研究中心）课题组

2024 年 6 月

---

[*] 执笔：陈军、周永根、刘艳文、陈律；统稿：陈军、周永根。

S、甄别部分

S1. 您所在县（市、区）是？（注意控制配额）

S2. 您的性别？（注意控制配额）

（1）男　　　（2）女

S3. 您目前的周岁年龄是下面哪个段？（注意控制配额）

（1）18 岁以下（终止访问）　　（2）18~25 岁　　（3）26~34 岁

（4）35~44 岁　　　　　　　（5）45~60 岁　　（6）61 岁以上

一、幼有所育

1. 您认为您所在县（市、区）政府为孕产妇开展优孕优生服务（包括免费孕前优生健康检查、孕产妇健康检查指导、生育保险、基本避孕服务等）方面做得如何？

（1）非常好　　　（2）好　　　（3）一般

（4）不好　　　　（5）非常不好

2. 您对本县（市、区）提供的儿童疫苗接种服务、儿童免费体检服务等儿童健康管理服务是否满意？

（1）非常满意　　　（2）满意　　　（3）一般

（4）不满意　　　　（5）非常不满意

3. 您觉得本县（市、区）对特殊儿童、困境儿童、农村留守儿童的关爱程度如何？

（1）非常关爱　　　（2）关爱　　　（3）一般

（4）不关爱　　　　（5）非常不关爱

4. 您本人或认识的人认为本县（市、区）托育机构收费情况怎么样？

（1）非常便宜　　　（2）便宜　　　（3）一般

（4）比较贵　　　　（5）非常贵

5. 您本人或认识的人觉得送幼儿去托育机构放心吗？

（1）非常放心　　　（2）放心　　　（3）一般

（4）不放心　　　　（5）非常不放心

6. 请您对本县（市、区）"幼有所育"整体状况（优生优育、托育质量、儿童保障水平）进行整体评价：

（1）非常满意　　　（2）满意　　　（3）一般

（4）不满意　　　　（5）非常不满意

二、学有所教

7. 您对当地政府为义务教育阶段学生提供免除学杂费、免费提供教科书服务以及为经济困难学生提供补助等是否满意？

（1）非常满意　　　（2）满意　　　（3）一般

（4）不满意　　　　（5）非常不满意

8. 您本人或认识的人的孩子上幼儿园/小学/初中是否遇到择校等教育资源分配不公平的情况？

（1）非常少　　　（2）比较少　　　（3）一般

（4）比较多　　　（5）非常多　　　（6）不清楚

9. 您认为本县（市、区）中小学校减轻学生作业负担和开展课后服务的效果如何？

（1）非常有效果　　　（2）有效果　　　（3）一般

（4）没效果　　　　　（5）非常没效果

10. 您对所在地学校校园安全情况（包括人身安全、食品安全、校舍安全、心理健康安全等）满意吗？

（1）非常满意　　　（2）满意　　　（3）一般

（4）不满意　　　　（5）非常不满意

11. 请您对本县（市、区）基础教育情况（含师资水平、教学条件、教育质量等）进行整体评价：

（1）非常满意　　　（2）满意　　　（3）一般

（4）不满意　　　　（5）非常不满意

三、劳有所得

12. 您本人或认识的人在找工作的过程中，有没有享受过当地政府提供的就业服务（包括政府就业信息发布、技能培训、人才市场等)？

（1）没有　　　（2）有　　　（3）不清楚

13. 您本人或认识的人在创业过程中，有没有享受过政府的创新创业扶持政策？

（1）没有　　　（2）有　　　（3）不清楚

14. 您本人或认识的人出现了劳动纠纷，当地政府处理情况如何？

（1）非常有效　　　（2）有效果　　　（3）一般

（4）没效果　　　（5）非常没效果

15. 您本人或认识的人对当地政府为居民提供的工伤失业保险服务是否满意？

（1）非常满意　　　（2）满意　　　（3）一般

（4）不满意　　　（5）非常不满意

16. 请您对本县（市、区）就业创业服务情况进行整体评价：

（1）非常满意　　　（2）满意　　　（3）一般

（4）不满意　　　（5）非常不满意

四、病有所医

17. 您本人或认识的人对家庭医生服务是否满意（包括咨询服务、诊疗服务、保健服务等)？

（1）非常满意　　　（2）满意　　　（3）一般

（4）不满意　　　（5）非常不满意

18. 您去本地公立医院看病，是否感觉有不必要的检查和费用发生？

（1）没有　　　（2）有，但是还可以接受　　　（3）一般

（4）有，比较严重　　　（5）有，非常严重　　　（6）没去过

19. 您去离家最近的公立医院（包括社区医疗卫生中心）的便利程度如何？

（1）非常方便　　　（2）比较方便　　　（3）一般

（4）比较不方便　　（5）非常不方便　　（6）不清楚

20. 您对您本人或家人的基本医疗保险缴费情况（比例、金额等）是否满意？

（1）非常满意　　（2）满意　　（3）一般

（4）不满意　　（5）非常不满意

21. 您对您本人或家人的基本医疗保险报销情况（比例、范围、方便程度等）是否满意？

（1）非常满意　　（2）满意　　（3）一般

（4）不满意　　（5）非常不满意

22. 请您对本县（市、区）的医疗卫生情况进行整体评价：

（1）非常满意　　（2）满意　　（3）一般

（4）不满意　　（5）非常不满意

五、老有所养

23. 您对本人或家人的养老金情况（缴纳比例和金额、发放金额和及时性等）满意程度：

（1）非常满意　　（2）满意　　（3）一般

（4）不满意　　（5）非常不满意

24. 您周边的养老服务机构（如养老院、老年人食堂、老年人日间照护中心等）能否满足您或家人的日常需求？

（1）完全能满足　　（2）基本能满足　　（3）一般

（4）不太能满足　　（5）远不能满足　　（6）不清楚

25. 您对本人或家人未来的养老保障预期：

（1）非常乐观　　（2）比较乐观　　（3）比较焦虑

（4）充满焦虑　　（5）说不好

26. 请您对本县（市、区）提供的养老保障服务进行整体评价：

（1）非常满意　　（2）满意　　（3）一般

（4）不满意　　（5）非常不满意

六、住有所居

27. 您是否了解本地的公共住房政策（如经济适用房、公租房、棚户区改造等)？

（1）非常了解　　（2）比较了解　　（3）一般

（4）不太了解　　（5）完全不了解

28. 有一个收入非常困难的家庭需要申请公租房，您认为这个家庭办成这件事情的难易程度：

（1）非常容易　　（2）比较容易　　（3）比较难

（4）非常难　　（5）说不好

29. 请您对本县（市、区）的住房保障服务进行整体评价：

（1）非常满意　　（2）满意　　（3）一般

（4）不满意　　（5）非常不满意

七、弱有所扶

30. 您认为本县（市、区）对最低生活保障对象的认定是否公平？

（1）非常公平　　（2）公平　　（3）一般

（4）不公平　　（5）非常不公平

31. 您认为本县（市、区）的弱势群体（如残疾人、低收入人群、孤寡老人）是否得到有效救助？

（1）非常有效　　（2）比较有效　　（3）一般

（4）效果不明显　　（5）没有效果

32. 您认为本县（市、区）突发受灾遇困人群（如火灾、交通事故、家庭成员突发重大疾病等）是否得到有效救助？

（1）非常有效　　（2）比较有效　　（3）一般

（4）效果不明显　　（5）没有效果

33. 您对本县（市、区）的残疾人和老年人无障碍环境建设（如盲道、无障碍设施等）的满意程度：

（1）非常满意　　（2）满意　　　（3）一般

（4）不满意　　　（5）非常不满意

34. 请您对本县（市、区）的社会救助服务进行整体评价：

（1）非常满意　　（2）满意　　　（3）一般

（4）不满意　　　（5）非常不满意

八、文体服务

35. 您前往公共健身设施或体育场所（如公园、篮球场等体育设施）的便利程度如何？

（1）非常方便　　（2）方便　　　（3）一般

（4）不方便　　　（5）非常不方便

36. 您前往公共文化设施或场所（如图书馆、电影院等）的便利程度如何？

（1）非常方便　　（2）方便　　　（3）一般

（4）不方便　　　（5）非常不方便

37. 您周边的公共健身设施或体育场所是否能满足您或家人的日常需求？

（1）完全能满足　　（2）基本能满足　　　（3）一般

（4）不太能满足　　（5）远不能满足　　　（6）没去过

38. 您周边的公共文化设施或文化场所（图书馆、电影院）是否能满足您或家人的日常需求？

（1）完全能满足　　（2）基本能满足　　　（3）一般

（4）不太能满足　　（5）远不能满足　　　（6）没去过

39. 请您对本县（市、区）的公共文化体育服务进行整体评价：

（1）非常满意　　（2）满意　　　（3）一般

（4）不满意　　　　（5）非常不满意

九、公共安全

40. 您如何评价本县（市、区）的食品安全问题？

（1）食品安全问题得到很大缓解　　（2）食品安全问题得到部分缓解

（3）食品安全问题比较严重　　（4）食品安全问题非常严重

41. 您或您认识的人是否遇到过个人隐私信息泄露的情况：

（1）经常　　　（2）偶尔　　　（3）没有

42. 本县（市、区）的政府是否有过防止电信诈骗的宣传或警示？

（1）有，效果非常好　　（2）有，效果还行　　（3）有，效果不明显

（4）有，但没有效果　　（5）没有　　　　　（6）不清楚

43. 本县（市、区）的政府是否有过应对灾害（地震、水灾、火灾）的宣传或演练：

（1）有，效果非常好　　（2）有，效果还行　　（3）有，效果不明显

（4）有，但没有效果　　（5）没有　　　　　（6）不清楚

44. 您对本县（市、区）的政府调解社会矛盾纠纷工作（如邻里纠纷、信访工作等）是否满意？

（1）非常满意　　　（2）满意　　　（3）一般

（4）不满意　　　　（5）非常不满意

45. 请您对本县（市、区）的公共安全情况进行整体评价：

（1）非常满意　　　（2）满意　　　（3）一般

（4）不满意　　　　（5）非常不满意

十、市政管理

46. 本县（市、区）的水电气基础设施是否能满足居民日常生活需求？

（1）完全能满足　　　（2）基本能满足　　　（3）一般

（4）不太能满足　　　（5）远不能满足　　　（6）说不好

47. 您对本县（市、区）的环境卫生是否满意？

（1）非常满意　　（2）满意　　（3）一般

（4）不满意　　（5）非常不满意

48. 您认为本县（市、区）通过手机办理公共服务（生活缴费、信息查询、证照办理等）便利程度：

（1）非常方便　　（2）比较方便　　（3）一般

（4）比较不方便　　（5）非常不方便　　（6）不清楚

49. 您使用手机办理公共服务时遇到困难，能否得到工作人员的及时帮助？

（1）非常及时　　（2）比较及时　　（3）不太及时

（4）非常不及时　　（5）没遇到过困难

50. 您白天外出时，通常情况下感觉路上拥堵吗？

（1）非常通畅　　（2）不堵车，但车辆缓行

（3）有点堵车　　（4）比较堵，但还能承受

（5）非常堵

51. 请您对本县（市、区）的市政管理服务进行整体评价：

（1）非常满意　　（2）满意　　（3）一般

（4）不满意　　（5）非常不满意

P、背景

P1. 您的单位性质：

（1）国家行政机关　　（2）事业单位　　（3）国有企业

（4）私营企业　　（5）外资企业或合资企业

（6）个体户　　（7）未就业　　（8）退休

（9）其他

P2. 您的最高学历：

（1）初中及以下　　（2）高中（中专/技校）　　（3）大专

（4）本科　　（5）硕士研究生及以上

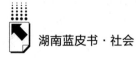

P3. 您当前个人的月收入（包含工资、奖金、津贴、股票和第二职业收入等所有收入）是多少？

（1）2000 元以下　　（2）2001~3000 元　　（3）3001~4000 元

（4）4001~5000 元　　（5）5001~6000 元　　（6）6001~7000

（7）7001~10000 元　（8）10001 元以上

社会科学文献出版社

皮书

智库成果出版与传播平台

❖ 皮书定义 ❖

皮书是对中国与世界发展状况和热点问题进行年度监测，以专业的角度、专家的视野和实证研究方法，针对某一领域或区域现状与发展态势展开分析和预测，具备前沿性、原创性、实证性、连续性、时效性等特点的公开出版物，由一系列权威研究报告组成。

❖ 皮书作者 ❖

皮书系列报告作者以国内外一流研究机构、知名高校等重点智库的研究人员为主，多为相关领域一流专家学者，他们的观点代表了当下学界对中国与世界的现实和未来最高水平的解读与分析。

❖ 皮书荣誉 ❖

皮书作为中国社会科学院基础理论研究与应用对策研究融合发展的代表性成果，不仅是哲学社会科学工作者服务中国特色社会主义现代化建设的重要成果，更是助力中国特色新型智库建设、构建中国特色哲学社会科学"三大体系"的重要平台。皮书系列先后被列入"十二五""十三五""十四五"时期国家重点出版物出版专项规划项目；自2013年起，重点皮书被列入中国社会科学院国家哲学社会科学创新工程项目。

皮书网

（网址：www.pishu.cn）

发布皮书研创资讯，传播皮书精彩内容
引领皮书出版潮流，打造皮书服务平台

栏目设置

◆ 关于皮书

何谓皮书、皮书分类、皮书大事记、
皮书荣誉、皮书出版第一人、皮书编辑部

◆ 最新资讯

通知公告、新闻动态、媒体聚焦、
网站专题、视频直播、下载专区

◆ 皮书研创

皮书规范、皮书出版、
皮书研究、研创团队

◆ 皮书评奖评价

指标体系、皮书评价、皮书评奖

所获荣誉

◆ 2008 年、2011 年、2014 年，皮书网均
在全国新闻出版业网站荣誉评选中获得
"最具商业价值网站"称号；
◆ 2012 年，获得"出版业网站百强"称号。

网库合一

2014 年，皮书网与皮书数据库端口合
一，实现资源共享，搭建智库成果融合创
新平台。

皮书网　　　　　　　"皮书说"
　　　　　　　　　微信公众号

权威报告·连续出版·独家资源

皮书数据库

ANNUAL REPORT(YEARBOOK)
DATABASE

分析解读当下中国发展变迁的高端智库平台

所获荣誉

- 2022年，入选技术赋能"新闻+"推荐案例
- 2020年，入选全国新闻出版深度融合发展创新案例
- 2019年，入选国家新闻出版署数字出版精品遴选推荐计划
- 2016年，入选"十三五"国家重点电子出版物出版规划骨干工程
- 2013年，荣获"中国出版政府奖·网络出版物奖"提名奖

皮书数据库

"社科数托邦"
微信公众号

成为用户

　　登录网址www.pishu.com.cn访问皮书数据库网站或下载皮书数据库APP，通过手机号码验证或邮箱验证即可成为皮书数据库用户。

用户福利

- 已注册用户购书后可免费获赠100元皮书数据库充值卡。刮开充值卡涂层获取充值密码，登录并进入"会员中心"—"在线充值"—"充值卡充值"，充值成功即可购买和查看数据库内容。
- 用户福利最终解释权归社会科学文献出版社所有。

数据库服务热线：010-59367265
数据库服务QQ：2475522410
数据库服务邮箱：database@ssap.cn
图书销售热线：010-59367070/7028
图书服务QQ：1265056568
图书服务邮箱：duzhe@ssap.cn

社会科学文献出版社 皮书系列
SOCIAL SCIENCES ACADEMIC PRESS (CHINA)

卡号：534497981272

密码：

基本子库
SUB DATABASE

中国社会发展数据库（下设 12 个专题子库）

紧扣人口、政治、外交、法律、教育、医疗卫生、资源环境等 12 个社会发展领域的前沿和热点，全面整合专业著作、智库报告、学术资讯、调研数据等类型资源，帮助用户追踪中国社会发展动态、研究社会发展战略与政策、了解社会热点问题、分析社会发展趋势。

中国经济发展数据库（下设 12 专题子库）

内容涵盖宏观经济、产业经济、工业经济、农业经济、财政金融、房地产经济、城市经济、商业贸易等 12 个重点经济领域，为把握经济运行态势、洞察经济发展规律、研判经济发展趋势、进行经济调控决策提供参考和依据。

中国行业发展数据库（下设 17 个专题子库）

以中国国民经济行业分类为依据，覆盖金融业、旅游业、交通运输业、能源矿产业、制造业等 100 多个行业，跟踪分析国民经济相关行业市场运行状况和政策导向，汇集行业发展前沿资讯，为投资、从业及各种经济决策提供理论支撑和实践指导。

中国区域发展数据库（下设 4 个专题子库）

对中国特定区域内的经济、社会、文化等领域现状与发展情况进行深度分析和预测，涉及省级行政区、城市群、城市、农村等不同维度，研究层级至县及县以下行政区，为学者研究地方经济社会宏观态势、经验模式、发展案例提供支撑，为地方政府决策提供参考。

中国文化传媒数据库（下设 18 个专题子库）

内容覆盖文化产业、新闻传播、电影娱乐、文学艺术、群众文化、图书情报等 18 个重点研究领域，聚焦文化传媒领域发展前沿、热点话题、行业实践，服务用户的教学科研、文化投资、企业规划等需要。

世界经济与国际关系数据库（下设 6 个专题子库）

整合世界经济、国际政治、世界文化与科技、全球性问题、国际组织与国际法、区域研究 6 大领域研究成果，对世界经济形势、国际形势进行连续性深度分析，对年度热点问题进行专题解读，为研判全球发展趋势提供事实和数据支持。

法律声明

"皮书系列"（含蓝皮书、绿皮书、黄皮书）之品牌由社会科学文献出版社最早使用并持续至今，现已被中国图书行业所熟知。"皮书系列"的相关商标已在国家商标管理部门商标局注册，包括但不限于LOGO（▨）、皮书、Pishu、经济蓝皮书、社会蓝皮书等。"皮书系列"图书的注册商标专用权及封面设计、版式设计的著作权均为社会科学文献出版社所有。未经社会科学文献出版社书面授权许可，任何使用与"皮书系列"图书注册商标、封面设计、版式设计相同或者近似的文字、图形或其组合的行为均系侵权行为。

经作者授权，本书的专有出版权及信息网络传播权等为社会科学文献出版社享有。未经社会科学文献出版社书面授权许可，任何就本书内容的复制、发行或以数字形式进行网络传播的行为均系侵权行为。

社会科学文献出版社将通过法律途径追究上述侵权行为的法律责任，维护自身合法权益。

欢迎社会各界人士对侵犯社会科学文献出版社上述权利的侵权行为进行举报。电话：010-59367121，电子邮箱：fawubu@ssap.cn。

社会科学文献出版社